Weihnachten
mit Theodor Fontane

Herausgegeben von
Michael Adrian

Fischer Taschenbuch Verlag

Originalausgabe

Veröffentlicht im Fischer Taschenbuch Verlag,
einem Unternehmen der S. Fischer Verlag GmbH,
Frankfurt am Main, Oktober 2009

© S. Fischer Verlag GmbH, Frankfurt am Main 2009
Satz: Dörlemann Satz, Lemförde
Druck und Bindung: CPI – Clausen & Bosse, Leck
Printed in Germany
ISBN 978-3-596-90218-7

Unsere Adressen im Internet:
www.fischerverlage.de
www.fischer-klassik.de

Inhalt

Der erste Schnee

Herbstsonnenschein. Des Winters Näh
Verrät ein Flockenpaar;
Es gleicht das erste Flöckchen Schnee
Dem ersten weißen Haar.

Noch wird – wie wohl von lieber Hand
Der erste Schnee dem Haupt –
So auch der erste Schnee dem Land
Vom Sonnenstrahl geraubt.

Doch habet acht! mit einem Mal
Ist Haupt und Erde weiß,
Und Liebeshand und Sonnenstrahl
Sich nicht zu helfen weiß.

Nach Hohen-Vietz

Es war Weihnachten 1812, Heiliger Abend. Einzelne Schneeflocken fielen und legten sich auf die weiße Decke, die schon seit
Tagen in den Straßen der Hauptstadt lag. Die Laternen, die an
langausgespannten Ketten hingen, gaben nur spärliches Licht; in
den Häusern aber wurde es von Minute zu Minute heller, und
der »Heilige Christ«, der hier und dort schon einzuziehen begann, warf seinen Glanz auch in das draußen liegende Dunkel.
So war es auch in der Klosterstraße. Die »Singuhr« der Paro-
chialkirche setzte eben ein, um die ersten Takte ihres Liedes zu
spielen, als ein Schlitten aus dem Gasthof »Zum grünen Baum«
herausfuhr und gleich darauf schräg gegenüber vor einem zwei-
stöckigen Hause hielt, dessen hohes Dach noch eine Mansarden-
wohnung trug. Der Kutscher des Schlittens, in einem abgetrage-
nen, aber mit drei Kragen ausstaffierten Mantel, beugte sich vor
und sah nach den obersten Fenstern hinauf; als er jedoch wahrnahm, daß alles ruhig blieb, stieg er von seinem Sitz, strängte die
Pferde ab und schritt auf das Haus zu, um durch die halb offenstehende Tür in dem dunklen Flur desselben zu verschwinden.
Wer ihm dahin gefolgt wäre, hätte notwendig das stufenweise
Stapfen und Stoßen hören müssen, mit dem er sich, vorsichtig
und ungeschickt, die drei Treppen hinauffühlte.
Der Schlitten, eine einfache Schleife, auf der ein mit einem sogenannten »Plan« überspannter Korbwagen befestigt war, stand
all die Zeit über ruhig auf dem Fahrdamm, hart an der Öffnung
einer hier aufgeschütteten Schneemauer. Der Korbwagen selbst,
mutmaßlich um mehr Wärme und Bequemlichkeit zu geben, war
nach hinten zu, bis an die Plandecke hinauf, mit Stroh gefüllt;
vorn lag ein Häckselsack, gerade breit genug, um zwei Personen
Platz zu gönnen. Alles so primitiv wie möglich. Auch die Pferde
waren unscheinbar genug, kleine Ponys, die gerade jetzt in ihrem winterlich rauhen Haar ungeputzt und dadurch ziemlich

vernachlässigt aussahen. Aber wie immer auch, die russischen Sielen, dazu das Schellengeläut, das auf roteingefaßten, breiten Ledergurten über den Rücken der Pferde hing, ließen keinen Zweifel darüber, daß das Fuhrwerk aus einem guten Hause sei.

So waren fünf Minuten vergangen oder mehr, als es auf dem Flur hell wurde. Eine Alte in einer weißen Nachthaube, das Licht mit der Hand schützend, streckte den Kopf neugierig in die Straße hinaus; dann kam der Kutscher mit Mantelsack und Pappkarton; hinter diesem, den Schluß bildend, ein hochaufgeschossener, junger Mann von leichter, vornehmer Haltung. Er trug eine Jagdmütze, kurzen Rock und war in seiner ganzen Oberhälfte unwinterlich gekleidet. Nur seine Füße steckten in hohen Filzstiefeln. »Frohe Feiertage, Frau Hulen«, damit reichte er der Alten die Hand, stieg auf die Deichsel und nahm Platz neben dem Kutscher. »Nun vorwärts, Krist; Mitternacht sind wir in *Hohen-Vietz*. Das ist recht, daß Papa die Ponys geschickt hat.«

Die Pferde zogen an und versuchten es, ihrer Natur nach, in einen leichten Trab zu fallen; aber erst als sie die Königsstraße mit ihrem Weihnachtsgedränge und Waldteufelgebrumm im Rücken hatten, ging es in immer rascherem Tempo die Landsberger Straße entlang und endlich unter immer munterer werdendem Schellengeläut zum Frankfurter Tore hinaus.

Draußen umfing sie Nacht und Stille; der Himmel klärte sich, und die ersten Sterne traten hervor. Ein leiser, aber scharfer Ostwind fuhr über das Schneefeld, und der Held unserer Geschichte, *Lewin von Vitzewitz*, der seinem väterlichen Gute *Hohen-Vietz* zufuhr, um die Weihnachtsfeiertage daselbst zu verbringen, wandte sich jetzt, mit einem Anflug von märkischem Dialekt, an den neben ihm sitzenden Gefährten. »Nun, Krist, wie wär' es? Wir müssen wohl einheizen.« Dabei legte er Daumen und Zeigefinger ans Kinn und paffte mit den Lippen. Dies »wir« war nur eine Vertraulichkeitswendung; Lewin selbst rauchte nicht. Krist aber, der von dem Augenblick an, wo sie die Stadt im Rücken hatten, diese Aufforderung erwartet haben mochte, legte ohne weiteres die Leinen in die Hand seines jungen Herrn und fuhr in die Manteltasche, erst um eine kurze Pfeife mit bleiernem Abguß, dann um ein neues Paket Tabak daraus hervorzuholen. Er nahm beides zwischen die Knie, öffnete das mit braunem Lack gesiegelte Paket, stopfte und begann dann mit derselben langsamen Sorglichkeit nach Stahl und Schwamm zu suchen. Endlich brannte es; er tat, indem er wieder die Leine nahm, die ersten Züge, und während jetzt kleine Funken aus dem Drahtdeckel hervorsprühten, ging es auf Friedrichsfelde zu, dessen Lichter ihnen über das weiße Feld her entgegenschienen.

[...]

Die Sterne traten immer zahlreicher hervor. Lewin lupfte die Kappe, um sich die Stirn von der frischen Winterluft anwehen zu lassen, und sah staunend und andächtig in den funkelnden Himmel hinauf. Es war ihm, als fielen alle dunklen Geschicke, das Erbteil seines Hauses, von ihm ab und als zöge es lichter und heller von oben her in seine Seele. Er atmete auf. Zwei, drei Schlitten flogen vorüber, grüßten und sangen, sichtlich Gäste, die im Nebendorf die Bescherung nicht versäumen wollten; dann, ehe fünf Minuten um waren, glitt das Gefährt unserer zwei Freunde unter den Giebelvorbau des Bohlsdorfer Kruges.

Bohlsdorf war drittel Weg. Niemand kam. An den Fenstern zeigte sich kein Licht; die Krügersleute mußten in den Hinterstuben sein und das Vorfahren des Schlittens, trotz seines Schellengeläutes, überhört haben. Krist nahm wenig Notiz davon. Er stieg ab, holte eine der Stehkrippen heran, die beschneit an dem Hofzaun entlang standen, und schüttete den Pferden ihren Hafer ein.

Auch Lewin war abgestiegen. Er stampfte ein paarmal in den Schnee, wie um das Blut wieder in Umlauf zu bringen, und trat dann in die Gaststube, um sich zu wärmen und einen Imbiß zu nehmen. Drinnen war alles leer und dunkel; hinter dem Schenktisch aber, wo drei Stufen zu einem höher gelegenen Alkoven führten, blitzte der Christbaum von Lichtern und goldenen Ketten. In diesem Weihnachtsbilde, das der enge Türrahmen einfaßte, stand die Krügersfrau in Mieder und rotem Friesrock und hatte einen Blondkopf auf dem Arm, der nach den Lichtern des Baumes langte. Der Krüger selbst stand neben ihr und sah auf das Glück, das ihm das Leben und dieser Tag beschert hatten.

Lewin war ergriffen von dem Bilde, das fast wie eine Erscheinung auf ihn wirkte. Leiser als er eingetreten war, zog er sich wieder zurück und trat auf die Dorfstraße. Gegenüber dem Kruge, von einer Feldsteinmauer eingefaßt, lag die Bohlsdorfer Kirche, ein alter Zisterzienserbau aus den Tagen der ersten Kolonisation. Es klang deutlich von drüben her, als würde die Orgel gespielt, und Lewin, während er noch aufhorchte, bemerkte zugleich, daß eines der kleinen, in halber Wandhöhe hinlaufenden Rundbogenfenster matt erleuchtet war. Neugierig, ob er sich täuschte oder nicht, stieg er über die niedrige Steinmauer fort und schritt zwischen den Gräbern hin auf die Längswand der Kirche zu. Ziemlich inmitten dieser Wand bemerkte er eine Pforte, die nur eingeklinkt, aber nicht geschlossen war. Er öffnete leise und trat ein. Es war, wie er vermutet hatte. Ein alter Mann, mit Samtkäpsel und spärlichem weißen Haar, saß vor der Orgel, während ein Lichtstümpfchen neben ihm eine kümmerliche Beleuchtung gab. In sein Orgelspiel vertieft, bemerkte er nicht, daß jemand eingetreten war, und feierlich, aber gedämpften Tones klangen die Weihnachtsmelodien nach wie vor durch die Kirche hin.

Übte sich der Alte für den kommenden Tag, oder feierte er hier sein Christfest allein für sich mit Psalmen und Choral? Lewin hatte sich die Frage kaum gestellt, als er, der Orgel gegenüber, einen zweiten Lichtschimmer wahrnahm; auf der untersten Stufe des Altars stand eine kleine Hauslaterne. Als er näher trat, sah er, daß Frauenhände hier eben noch beschäftigt gewesen sein mußten. Ein Handfeger lag da, daneben eine kurze Stehleiter, die beiden Seitenhölzer oben mit Tüchern umwunden. Das Licht der Laterne fiel auf zwei Grabsteine, die vor dem Altar in die Fliesen eingelegt waren; der eine zur Linken enthielt nur Namen und Datum, der andere zur Rechten aber zeigte Bild und Spruch.

Zwei Lindenbäume neigten ihre Wipfel einander zu, und darunter standen Verse, zehn oder zwölf Zeilen. Nur die Zeilen der zweiten Strophe waren noch deutlich erkennbar und lauteten:

> Sie sieht nun tausend Lichter;
> Der Engel Angesichter
> Ihr treu zu Diensten stehn;
> Sie schwingt die Siegesfahne
> Auf güldnem Himmelsplane
> Und kann auf Sternen gehn.

Lewin las zwei-, dreimal, bis er die Strophe auswendig wußte; die letzte Zeile namentlich hatte einen tiefen Eindruck auf ihn gemacht, von dem er sich keine Rechenschaft geben konnte. Dann sah er sich noch einmal in der seltsam erleuchteten Kirche um, deren Pfeiler und Chorstühle ihn schattenhaft umstanden, und kehrte, die Türe leise wieder anlehnend, erst auf den Kirchhof, dann, mit raschem Sprung über die Mauer, auf die Dorfstraße zurück.

Der Krug hatte indessen ein verändertes Ansehen gewonnen. In der Gaststube war Licht; Krist stand am Schenktisch im eifrigen Gespräch mit dem Krüger, während die Frau, aus der Küche kommend, ein Glas Kirschpunsch auf den Tisch stellte. Sie plauderten noch eine Weile auch über den alten Küster drüben, der, seitdem er Witmann geworden, seinen Heiligen Abend mit Orgelspiel zu feiern pflege; dann, unter Händeschütteln und Wünschen für ein frohes Fest, wurde Abschied genommen, und an den stillen Dorfhütten vorbei ging es weiter in die Nacht hinein.

Aus: Vor dem Sturm. Überschrift v. Hrsg.

Schlacht- und Backzeit

Das gesellschaftliche Leben ruhte während dieser Spätherbsttage, man erholte sich von den Strapazen der Sommer-Saison und stärkte sich für die Wintergesellschaften. Aber ehe diese kamen, war noch ein mehrwöchentliches Interregnum durchzumachen, die Schlacht- und Backzeit, die letztere schon mit der Weihnachtszeit zusammenfallend.

Mit dem Gänseschlachten fing es an. Eine reguläre Wirtschaftsführung ohne Gänseschlachten konnte nicht wohl gedacht werden. Es handelte sich dabei um mancherlei, zunächst wohl um die Federn zur Herstellung immer neuer Fremdenbetten, vor allem aber auch um die geräucherten Gänsebrüste, die fast so wichtig waren, wie die Schinken und Speckseiten im Rauchfang. Waren, kurz vor Martini, die Gänse zu diesem Zweck in genügender Zahl herangetrieben und auf dem Hofe, wo nun ein entsetzliches Schnattern uns eine Woche lang um unsere Nachtruhe brachte, zu letzter Auffütterung eingepfercht, so wurde auch schon der Tag zu Beginn der Festlichkeit festgesetzt. Meist Mitte November. Auf dem Hofe, hart an die Giebelwand des Hauses sich lehnend, befand sich, wie schon erzählt (und zwar sonderbarerweise mit einem Taubenschlage darüber) die Gesindestube, darin, außer der Köchin, noch zwei Hausmädchen schliefen. Immer vorausgesetzt, daß sie schliefen. Der Kutscher – an Stelle des alten Ehm war längst eine jugendlichere Kraft getreten – sah sich, der Hausordnung nach, zunächst freilich auf die Häckselkammer neben dem Pferdestall angewiesen, er verzichtete jedoch gern auf die Selbstständigkeit dieses ihm zuständigen Aufenthalts und zog es vor, den ohnehin engen Raum der Gesindestube durch seine Gegenwart noch enger zu machen. Alles nach dem Satze: »Raum ist in der kleinsten Hütte etc.« War nun aber die Gänseschlachtzeit heran gekommen, so bedeutete das eine weitere, sehr erheblich gesteigerte

Raumbeschränkung, denn am selbigen Abend, an dem das Massakrieren beginnen sollte, stellte sich zu dem, was für gewöhnlich die Gesindestube beherbergte, auch noch ein Aufgebot alter Weiber ein, vier oder fünf, die sonst als Wasch- oder auch wohl als Jätefrauen ihr Dasein fristeten. Und nun begann das Opferfest. Immer spät Abends. Durch die weit offenstehende Tür, geöffnet weil es sonst vor Stickluft nicht auszuhalten gewesen wäre, schienen die Sterne in den verqualmten und durch ein Talglicht kümmerlich erleuchteten Raum hinein. An dem Talglicht immer ein Dieb. Nächst der Tür aber, in einem Halbkreise, standen die fünf Schlachtpriesterinnen, jede mit einer Gans zwischen den Knien, und sangen, während sie mit einem spitzen Küchenmesser die Schädeldecke des armen Tieres durchbohrten (eine Prozedur, deren Notwendigkeit mir nie klar geworden ist), allerlei Volkslieder, deren Text in einem merkwürdigen Gegensatz sowohl zu dem mörderischen Akt wie zu der Trauermelodie stand. So wenigstens mußte man annehmen, denn die Mädchen, die, den Gast aus der Häckselkammer zwischen sich, auf der Bettkante saßen, begleiteten die Volkslieder mit unendlichem Vergnügen, ja, die besonders traurig klingenden Stellen sogar mit Juchzern. Meine beiden Eltern waren sittenstreng und es war oft die Rede davon, ob diesem frechen Treiben nicht Einhalt zu tun sei; schließlich aber hatte man den Kampf dagegen aufgegeben und mein Vater, dem es schwante, daß dergleichen schon im Altertume vorgekommen sei, sagte, nachdem er nachgeschlagen: »Es ist eine Wiederholung alter Zustände, römische Saturnalien, oder was dasselbe sagen will, momentane Herrschaft der Dienenden über die sogenannte Herrschaft.« Und als er so den Hergang historisch rubriziert hatte, gab er sich zufrieden, um so mehr als die Mädchen am andern Morgen ihn jedesmal durch einen ganz besonders sittigen Augenniederschlag erheiterten. Er stellte dann phantastisch ausschweifende Betrachtungen an, als ob Gil Blas seine Lieblingslektüre gewesen wäre. Das war aber nicht der Fall, er las vielmehr nur Walter Scott, was ich ihm heute noch danke, denn einige Bröckelchen fielen schon damals für mich ab. Quentin Durward zog er allem vor, vielleicht weil es ein französischer Stoff war. Ich habe hier übrigens noch hinzuzufügen, daß die Schrecknisse dieser Gänseschlacht-Epoche mit der eigentlichen Schlachtnacht und den Trauermelodien keineswegs abgetan waren, sondern sich, durch mindestens eine halbe Woche hin, noch weiter fortsetzten. Diese Schlachtzeit war nämlich zugleich auch die Zeit, wo das aus Gänseblut zubereitete »Schwarzsauer« tagtäglich auf unseren Tisch kam, ein Gericht, das, nach pommerscher Anschauung, alles andre aus dem Felde schlägt. Auch mein Vater hielt es für seine Pflicht, sich dieser landestümlichen Anschauung anzuschließen und sagte, wenn die dampfende Riesenschüssel erschien: »Ah, das ist recht; davon eßt nur; das ist die schwarze Suppe der Spartaner; alles Saft und Kraft«, er selber aber suchte sich, gerade so wie wir, das Backobst und die Mandelklöße heraus und überließ die Kraftbrühe der Gesindeschaft draußen und vor allem den Schlacht- und Klageweibern, die sich durch ihre Bohrversuche den gegründetsten Anspruch darauf erworben hatten.

Etwa 14 Tage später folgte dann das Schweineschlachten. Meine Stellung dazu war noch genau dieselbe, wie zu der Zeit, wo ich, kaum 7jährig, aus der Stadt hinaus auf Alt-Ruppin zu geflohen war, um sowohl dem Anblick, wie der ganzen Skala ohr- und herzzerreißender Töne zu entgehen; aber ich war doch inzwischen aus den Kinderjahren in die Jungensjahre hinein gewachsen, wo man wohl oder übel seine Ehre darin setzt, alles mannhaft mit durchzumachen, auch wenn sich die eigenste Natur dagegen auflehnt. Daß die Aussicht auf »Reiswurst mit Rosinen« bei Durchführung dieser Tapferkeitskomödie mitgewirkt hätte, kann ich nicht sagen, denn so sehr ich sonst für gute Bissen war, so war ich doch in den der Weihnachtszeit voraufgehenden Wochen immer halb krank von dem unausgesetzt das Haus durchziehenden Fettwrasen. Jedenfalls konnte von gutem Appetit um eben diese Zeit (trotzdem sich's da gerade verlohnt hätte) nie recht die Rede sein, besonders dann nicht, wenn, um

Anfang Dezember, wie fast regelmäßig geschah, auch noch ein Hirsch von der Oberförsterei her eingeliefert war, der nun – aufgebrochen wie man ein Rind aufbricht – an die Giebelwand des Gesindehauses gehängt wurde. Tag um Tag trat dann die Köchin an das schreckliche Giebelornament heran und schälte erst das Ziemer und dann die Vorder- und Hinterschlägel heraus, so daß wir immer aufatmeten, wenn es mit dieser Wildherrlichkeit wieder vorbei war.

Unter einem glücklicheren Stern stand die Backwoche, wo mit Pfeffer- und Zuckernüssen begonnen und mit Brezeln, Kranz- und Blechkuchen aufgehört wurde. Wir durften nicht nur mit in die Backstube hinein, darin es, überaus anheimelnd, nach bittern Mandeln und geriebener Zitrone roch, sondern erhielten auch, als Weihnachtsvorschmack, eigens für uns Kinder gebackene kleine Wecken, alles reichlich zugemessen. »Ich weiß,« sagte meine Mutter, »daß sie sich den Magen daran verderben, aber das ist besser, wie wenn sie knapp gehalten werden. Sie sollen, all diese Zeit über, eine Festfreude haben und die bringt ihnen ein Festkuchen am besten bei.« Es hat was für sich, und bei ganz robusten Kindern mag es das unbedingt Richtige sein. Aber so robust waren wir doch nicht, daß es für uns so ohne weiteres gepaßt hätte. Mir war denn auch, um Weihnachten herum, immer sehr weinerlich zumute.

Am Sylvester war Ressourcenball, auf den man mich, als den Ältesten, mitnahm. Ich stellte mich dann, in schwankender Gemütsverfassung in eine Saalecke und sah zu. Wenn dann die tanzenden Paare an mir vorüberschwirrten, war ich zunächst glücklich, daß ich, als eine Art Gast da stehen und mit dem Auge teilnehmen durfte und war doch auch wieder unglücklich, daß ich, statt mitzutanzen, eben nur das Zuschauen hatte. Die Nichtigkeit meines Ich legte sich mir schwer auf die Seele, doppelt schwer in dem gastrischen Zustand, in dem ich mich um diese Zeit regelmäßig befand und erst wenn um Mitternacht der in einen langen blauen Mantel gekleidete Nachtwächter in den Saal trat und nach voraufgegangenem Signal auf seinem Horn, ein fröhliches Neujahr wünschte, fiel mit einem Male jede Sentimentalität wieder von mir ab. Das Komisch-Groteske der Szene riß mich dann heraus und ich hatte wieder meinen Frieden.

Aus: *Meine Kinderjahre.* Überschrift v. Hrsg.

Weihnachtsmorgen

An Lewins Seele waren inzwischen unruhige Träume vorübergegangen. Die Fahrt im Ostwind hatte ihn fiebrig gemacht, und erst gegen Morgen verfiel er in einen festen Schlaf. Eine Stunde später begann es bereits im Hause lebendig zu werden; auf dem langen Korridor, an dessen Nordostecke Lewins Zimmer gelegen war, hallten Schritte auf und ab, schwere Holzkörbe wurden vor die Feuerstellen gesetzt und große Scheite von außen her in den Ofen geschoben. Bald darauf öffnete sich die Tür, und der alte Diener, der am Abend zuvor seinen jungen Herrn empfangen hatte, trat ein, einen Blaker in der Hand. Hektor blieb liegen, reckte sich auf dem Rehfell und wedelte nur, als ob er rapportieren wolle: Alles in Ordnung. Jeetze setzte das Licht, dessen Flamme er bis dahin mit seiner Rechten sorglich gehütet hatte, hinter einen Schirm und begann alles, was an Garderobestücken umherlag, über seinen linken Arm zu packen. Er selbst war noch im Morgenkostüm; zu den Samthosen und Gamaschen, ohne die er nicht wohl zu denken war, trug er einen Arbeitsrock von doppeltem Zwillich. Als er alles beisammen hatte, trat er, leise wie er gekommen war, seinen Rückzug an, dabei nach Art alter Leute unverständliche Worte vor sich hermurmelnd. An dem zustimmenden Nicken seines Kopfes aber ließ sich erkennen, daß er zufrieden und guter Laune war.

Die Türe blieb halb offen, und das erwachende Leben des Hauses drang in immer mahnenderen, aber auch in immer anheimelnderen Klängen in das wieder still gewordene Zimmer. Die großen Scheite Fichtenholz sprangen mit lautem Krach auseinander, von Zeit zu Zeit zischte das Wasser, das aus den naßgewordenen Stücken in kleinen Rinnen ins Feuer lief, und von der Korridornische her hörte man den sichern und regelrechten Strich, mit dem Jeetzes Bürste der Hacheln und Härchen, die nicht loslassen wollten, Herr zu werden suchte.

Alles das war hörbar genug, nur Lewin hörte es nicht. Endlich beschloß Hektor, der Ungeduld Jeetzes und seiner eigenen ein Ende zu machen, richtete sich auf, legte beide Vorderpfoten aufs Deckbett und fuhr mit seiner Zunge über die Stirn des Schlafenden hin, ohne weitere Sorge, ob seine Liebkosungen willkommen seien oder nicht. Lewin wachte auf; die erste Verwirrung wich einem heiteren Lachen. »Kusch dich, Hektor«, damit sprang er aus dem Bett. Der Morgenschlaf hatte ihn frisch gemacht; in wenig Minuten war er angekleidet, ein Vorteil halb soldatischer Erziehung. Er durchschritt ein paarmal das Zimmer, betrachtete lächelnd einen mit vier Nadeln an die Tischdecke festgesteckten Bogen Papier, auf dem in großen Buchstaben stand: »Willkommen in Hohen-Vietz«, ließ seine Augen über ein paar Silhouettenbilder gleiten, die er von Jugend auf kannte und doch immer wieder mit derselben Freudigkeit begrüßte, und trat dann an eines der zugefrorenen Eckfenster. Sein Hauch taute die Eisblumen fort, ein Fleckchen, nicht größer wie eine Glaslinse, wurde frei, und sein erster Blick fiel jetzt auf die eben aufgehende Weihnachtssonne, deren roter Ball hinter dem Turmknopf der Hohen-Vietzer Kirche stand. Zwischen ihm und dieser Kirche erhoben sich die Bäume des hügelansteigenden Parkes, phantastisch bereift, auf einzelnen ein paar Raben, die in die Sonne sahen und mit Gekreisch den Tag begrüßten.

Lewin freute sich noch des Bildes, als es an die Türe klopfte.

»Nur herein!«

Eine schlanke Mädchengestalt trat ein, und mit herzlichem Kuß schlossen sich die Geschwister in die Arme. Daß es Geschwister waren, zeigte der erste Blick: gleiche Figur und Haltung, dieselben ovalen Köpfe, vor allem dieselben Augen, aus denen Phantasie, Klugheit und Treue sprachen.

»Wie freue ich mich, dich wieder hier zu haben. Du bleibst doch über das Fest? Und wie gut du aussiehst, Lewin! Sie sagen, wir ähnelten uns; es wird mich noch eitel machen.«

Die Schwester, die bis dahin wie musternd vor dem Bruder gestanden hatte, legte jetzt ihren Arm in den seinen und fuhr dann, während beide auf der breiten Strohmatte des Zimmers auf- und abpromenierten, in ihrem Geplauder fort.

»Du glaubst nicht, Lewin, wie öde Tage wir jetzt haben. Seit einer Woche flog uns nichts wie Schneeflocken ins Haus.«

»Aber du hast doch den Papa ...«

»Ja und nein. Ich hab' ihn und hab' ihn nicht; jedenfalls ist er nicht mehr, wie er war. Seine kleinen Aufmerksamkeiten bleiben aus; er hat kein Ohr mehr für mich, und wenn er es hat, so zwingt er sich und lächelt. Und an dem allen sind die Zeitungen schuld, die ich freilich auch nicht missen möchte. Kaum daß Hoppenmarieken in den Flur tritt und das Postpaket aus ihrem Kattuntuch wickelt, so ist es mit seiner Ruhe hin. Er geht an mir vorbei, ohne mich zu sehen. Briefe werden geschrieben; die Pferde kommen kaum noch aus dem Geschirr; zu Wagen und zu Schlitten geht es hierhin und dorthin. Oft sind wir tagelang allein. Ein Glück, daß ich Tante Schorlemmer habe, ich ängstigte mich sonst zu Tode.«

»Tante Schorlemmer! So findet alles seine Zeit.«

»Oh, sie braucht nicht erst ihre Zeit zu finden, sie hat immer ihre Zeit, das weiß niemand besser als du und ich. Aber freilich, eines ist meiner guten Schorlemmer nicht gegeben, einen öden Tag minder öde zu machen. Möchtest du, eingeschneit, einen Winter lang mit ihr und ihren Sprüchen am Spinnrad sitzen?«

»Nicht um die Welt. Aber wo bleibt der Pastor? Und wo bleibt Marie? Ist denn alles zerstoben und verflogen?«

»Nein, nein, sie sind da, und sie kommen auch und sind die alten noch; lieb und gut wie immer. Aber unsere Hohen-Vietzer Tage sind so lang und am längsten, wenn im Kalender die kürzesten stehen. Marie kommt übrigens heute abend; sie hat eben anfragen lassen.«

»Und wie geht es unserm Liebling?«

»In den drei Monaten, daß du nicht hier warst, ist sie voll herangewachsen. Sie ist wie ein Märchen. Wenn morgen eine goldene Kutsche bei Kniehases vorgefahren käme, um sie aus dem Schulzenhause mit zwei schleppentragenden Pagen abzuholen, ich würde mich nicht wundern. Und doch ängstigt sie mich. Aber je mehr ich mich um sie sorge, desto mehr liebe ich sie.«

Soweit waren die Geschwister in ihren Plaudereien gekommen, als Jeetze – nunmehr in voller Livree – in der Türe erschien, um seinen jungen Herrschaften anzukündigen, daß es Zeit sei.

»Wo ist Papa?«

»Er baut auf. Krist und ich haben zutragen müssen.«

»Und Tante Schorlemmer?«

»Ist im Flur. Die Singekinder sind eben gekommen.«

Lewin und Renate nickten einander zu und traten dann heiteren Gesichts und leichten Ganges, ein jeder stolz auf den andern, in den Korridor hinaus. In demselben Augenblick, wo sie an dem Treppenkopf angelangt waren, klang es weihnachtlich von hellen Kinderstimmen zu ihnen herauf. Und doch war es kein eigentliches Weihnachtslied. Es war das alte »Nun danket alle Gott«, das den märkischen Kehlen am geläufigsten ist und am freiesten aus ihrer Seele kommt. »Wie schön«, sagte Lewin und horchte, bis die erste Strophe zu Ende war.

Als die Geschwister im Niedersteigen den untersten Treppenabsatz erreicht hatten, hielten sie abermals und überblickten nun das Bild zu ihren Füßen. Die gewölbte Flurhalle, groß und geräumig, trotz der Eichenschränke, die umherstanden, war mit Menschen, jungen und alten, gefüllt; einige Mütterchen hockten auf der Treppe, deren unterste Stufen bis weit in den Flur hinein vorsprangen. Links, nach der Park- und Gartentür zu, standen die Kinder, einige sonntäglich geputzt, die anderen notdürftig gekleidet, hinter ihnen die Armen des Dorfes, auch Sieche und Krüppel; nach rechts hin aber hatte alles, was zum Hause gehörte, seine Aufstellung genommen: der Jäger, der Inspektor, der Maier, Krist und Jeetze, dazu die Mägde, der Mehrzahl nach jung und hübsch und alle gekleidet in die malerische Tracht dieser Gegenden, den roten Friesrock, das schwarzseidene Kopftuch und den geblümten Manchester-Spenzer. In Front dieser bunten Mädchengruppe gewahrte man eine ältliche Dame über fünfzig, graugekleidet mit weißem Tuch und kleiner Tüllhaube, die Hände gefaltet, den Kopf vorgebeugt, wie um dem Gesange der Kinder mit mehr Andacht folgen zu können. Es war Tante Schorlemmer. Nur als die Geschwister auf dem Treppenabsatz erschienen, unterbrach sie ihre Haltung und erwiderte Lewins Gruß mit einem freundlichen Nicken.

Nun war auch der zweite Vers gesungen, und die Weihnachtsbescherung an die Armen und Kinder des Dorfes, wie sie in diesem Hause seit alten Zeiten Sitte war, nahm ihren Anfang. Niemand drängte vor; jeder wußte, daß ihm das Seine werden würde. Die Kranken erhielten eine Suppe, die Krüppel ein Almosen, alle einen Festkuchen, an die Kinder aber traten die Mägde heran und schütteten ihnen Äpfel und Nüsse in die mitgebrachten Säcke und Taschen.

Das Gabenspenden war kaum zu Ende, als die große, vom Flur aus in die Halle führende Flügeltüre von innen her sich öffnete und ein heller Lichtschein in den bis dahin nur halb erleuchteten Flur drang. Damit war das Zeichen gegeben, daß nun dem Hause selber beschert werden solle. Der alte Vitzewitz trat zwischen Türe und Weihnachtsbaum, und Lewins ansichtig werdend, der am Arm der Schwester dem Festzug voraufschritt, rief er ihm zu: »Willkommen, Lewin, in Hohen-Vietz.« Vater und Sohn begrüßten sich herzlich; dann setzten die Geschwister ihren Umgang um die Tafel fort, während draußen im Flur die Kinder wieder anstimmten:

> Lob, Ehr' und Preis sei Gott
> Dem Vater und dem Sohne,
> Und auch dem Heil'gen Geist
> Im hohen Himmelsthrone.

Der Zug löste sich nun auf, und jeder trat an seinen Platz und seine Geschenke. Alles gefiel und erfreute, die Schals, die Westen, die seidenen Tücher. Da lagerte kein Unmut, keine Enttäuschung auf den Stirnen; jeder wußte, daß schwere Zeiten waren, und daß der viel heimgesuchte Herr von Hohen-Vietz sich mancher Entbehrung unterziehen mußte, um die gute Sitte des Hauses auch in bösen Tagen aufrechtzuerhalten.

Zu beiden Seiten des Kamins, über dessen breiter Marmorkonsole das überlebensgroße Bild des alten Matthias aufragte, waren auf kleinen Tischen die Gaben ausgebreitet, die der Vater für Lewin und Renaten gewählt hatte. Lieblingswünsche hatten ihre Erfüllung gefunden, sonst waren sie nicht reichlich. An Lewins Platz lag eine gezogene Doppelbüchse, Suhler Arbeit, sauber, leicht, fest, eine Freude für den Kenner.

»Das ist für dich, Lewin. Wir leben in wunderbaren Tagen. Und nun komm und laß uns plaudern.«

Beide traten in das nebenan gelegene Zimmer, während in der Halle die Weihnachtslichter niederbrannten.

Aus: *Vor dem Sturm.*

Alles still!
(1. Fassung)

Alles still! dem Auge zeigen,
Schneebedeckt, sich Wald und Flur,
Und darüber thront das Schweigen,
Und der Sternenhimmel nur.

Alles still! vergeblich lauschet
Man der Dohle heisrem Schrei,
Keiner Fichte Wipfel rauschet,
Und kein Bächlein summt vorbei.

Alles still! die fernen Hütten
Sind wie Gräber anzusehn,
Die, von Schnee bedeckt, inmitten
Eines schlichten Friedhofs stehn.

Alles still! und ach, dem Schweigen
Schaut mein Herz wie neidisch zu;
Würde bald auch ihm zu eigen
Solche tiefe, tiefe Ruh.

Christnacht

Auf dem weißgedeckten Tische
Prangt der grüne Weihnachtsbaum,
Trägt im buntesten Gemische
Kerzen, Gold- und Silberschaum.

Vor dem Tische steht ein Knabe,
Blickt die Schätze hastig an,
Ob vielleicht die Weihnachtsgabe
Ihm das Herz erfreuen kann.

Aber nichts will ihm gefallen,
Selbst das Schönste dünkt ihm Tand,
Und er weint, weil an dem allen
Nicht sein Herz Befriedgung fand.

»Mutter, einzig gute Mutter,
Sieh mich nicht so traurig an,
Will ja länger nicht mehr weinen,
Hat es dir doch weh getan.

Ach, du fragst: ›Woher die Tränen?‹
Alles, alles, was mich quält,
Ist, daß mich ein heißes Sehnen
Nach – ich weiß nicht was – beseelt.«

Auf der weißbeschneiten Erde
Steht an eines Friedhofs Saum
Eine Fichte, wunderprächtig,
Wie ein riesger Weihnachtsbaum.

Tausend helle Kerzen flimmern
Über ihm am Himmelsraum,
Und des blassen Mondes Schimmern
Ist des Christbaums Silberschaum.

An der Fichte, vor dem Grabe
Seiner Braut, das sie bewacht,
Kniet nach manchem Jahr der Knabe
Wieder, in der Christesnacht.

»Gott der Liebe, hier am Grabe
Hast Du endlich Dich bewährt,
Hast als schönste Weihnachtsgabe
Endlich Tränen mir beschert;

Mir, dem Du so viel genommen,
Dem so alles, alles fehlt,
Daß ihn, wenn die Tränen kommen,
Heißer Dank dafür beseelt.«

In der Kirche

Das Summen der Glocken war noch in der Luft, als Berndt von Vitzewitz, Renaten am Arm, aus einem in den Schnee gefegten Fußsteig in die große Nußbaumallee einbog, die, leise ansteigend, von der Einfahrt des Herrenhauses her in gerader Linie zur Hügelkirche hinaufführte. Dem voraufschreitenden Paare folgten Lewin und Tante Schorlemmer. Alle waren winterlich gekleidet; die Hände der Damen steckten in schneeweißen Grönlandsmuffen; nur Lewin, alles Pelzwerk verschmähend, trug einen hellgrauen Mantel mit weitem Überfallkragen.

Die mehrgenannte Hügelkirche, der sie zuschritten, war ein alter Feldsteinbau aus der ersten christlichen Zeit, aus den Kolonisationstagen der Zisterzienser her; dafür sprachen die sauber behauenen Steine, die Chornische und vor allem die kleinen hochgelegenen Rundbogenfenster, die dieser Kirche, wie allen vorgotischen Gotteshäusern der Mark, den Charakter einer Burg gaben. Wenig hatten die Jahrhunderte daran geändert. Einige Fenster waren verbreitert, ein paar Seiteneingänge für den Geistlichen und die Gutsherrschaft hergerichtet worden; sonst, mit Ausnahme des Turmes und eines neuen Gruftanbaues der nördlichen Langwand, stand alles, wie es zu den Mönchszeiten gestanden hatte.

War nun aber das Äußere der Kirche so gut wie unverändert geblieben, so hatte das Innere derselben alle Wandlungen eines halben Jahrtausends durchgemacht. Von den Tagen an, wo die Askanier hier ihre regelmäßig wiederkehrenden Fehden mit den Pommerherzögen ausfochten, bis auf die Tage herab, wo der Große König an ebendieser Stelle, bei Zorndorf und Kunersdorf, seine blutigsten Schlachten schlug, war an der Hohen-Vietzer Kirche kein Jahrhundert vorübergegangen, das ihr nicht in ihrer inneren Erscheinung Abbruch oder Vorschub geleistet, ihr nicht das eine oder andere gegeben oder genommen hätte.

Ein gleiches, was hier eingeschaltet werden mag, gilt von der Mehrzahl aller alten märkischen Dorfkirchen, die dadurch ihren Reiz und ihre Eigentümlichkeit empfangen. Besonders im Gegensatz zu den weltlichen oder Profan-Bauten unseres Landes. Überblickt man diese, so nimmt man alsbald wahr, daß die eine Gruppe zwar die Jahre, aber keine Geschichte, die andere Gruppe zwar die Geschichte, aber keine Jahre hat. Burg Soltwedel ist uralt, aber schweigt. Schloß Sanssouci spricht, aber ist jung wie ein Parvenü. Nur unsere Dorfkirchen stellen sich uns vielfach als die Träger unserer *ganzen* Geschichte dar, und die Berührung der Jahrhunderte untereinander zur Erscheinung bringend, besitzen und äußern sie den Zauber historischer Kontinuität.

Die Hohen-Vietzer Kirche hatte drei Eingänge, der erste für die Gemeinde von Westen her. Der Turm, durch den dieser Eingang ging, war aus Feldstein roh zusammengemörtelt; es fehlte die Sauberkeit, die den älteren Bau auszeichnete. Von der Decke herab hing ein Seil, an dem die Betglocke geläutet wurde. Rechts an der Wand hin stand ein Grabscheit, eine Totenbahre; auf ihr lagen Leinentücher, um die Särge hinabzulassen. An der Wand gegenüber waren wurmstichige Holzpuppen, Überreste eines Schnitzaltars aus der katholischen Zeit her, zusammengefegt; daneben aufgeschichtetes Knubbenholz, wahrscheinlich um die Sakristei zu heizen. Das eigentliche Schaustück dieser Vorhalle war aber die »Türkenglocke«, berühmt wegen ihres Tones und ihrer Größe, die, nachdem sie lange oben im Turm gehangen und die Oder hinauf- und hinabgeklungen hatte, jetzt gesprungen aus ihrer Höhe herabgelassen war. Sie war – so wenigstens ging die Sage – aus Geschützen gegossen, die Isaschar von Vitzewitz (des alten Matthias Sohn) aus dem Türkenkriege mit heimgebracht hatte. Inschriften bedeckten den Rand; eine lautete:

> Ruf’ ich, öffne deinen Sinn,
> Gott zu dienen ist Gewinn.

Der schwere Eisenklöppel stand in einer Ecke daneben. Aus dem Turm trat man in den Mittelgang der Kirche; dicht an der Schwelle lag ein granitner Taufstein, ohne Fuß oder Träger, mitten durchgebrochen, noch aus der Zeit der Zisterzienser her. Weiter links, in der Ecke, wo Turm und Kirchenschiff zusammenstießen, war eine Nische in die nördliche Längswand gehauen; an einem Eisenstab hing eine Maria (das Christkind war ihrem Arm entfallen), und ihr zu Häupten stand einfach die Jahreszahl 1431. Das war das Hussitenjahr. Kein Zweifel, daß die Vitzewitze diesen Votivaltar nach Abzug des Feindes gestiftet hatten. Rechts und links vom Mittelgange, bis über die Hälfte der Kirche, liefen die Kirchenstühle hin, alle sauber und verschlossen; nur die Tür des vordersten stand halb offen und hing in den Angeln. Dieser hieß der »Majorsstuhl« seit den Tagen, die der Kunersdorfer Schlacht unmittelbar gefolgt waren. Bis hierher, durch Flucht und Graus, hatten Grenadiere vom Regiment Itzenplitz ihren verwundeten Major getragen, auf diese Bank hatten sie ihn niedergelegt, hier hatte er sich aufgerichtet und die Binden abgerissen. »Kinder, ich will sterben.« Die Bank hatte einen Blutfleck seitdem, und jeder mied die Stelle.

Einen Hauptschmuck der Hohen-Vietzer Kirche bildeten ihre Grabsteine. Einst hatten sie vom Altar an bis mitten in das Kirchenschiff hinein gelegen; seitdem aber das alte Gewölbe zugeschüttet und die neue Gruft, deren wir schon erwähnten, angebaut worden war, standen sie aufrecht an der Nordwand der Kirche hin. Es waren meist einfache Steine, je nach der Sitte der Zeit mit langen oder kurzen Inschriften versehen, die von Malplaquet und Mollwitz erzählten oder auch von stilleren Tagen, in Hohen-Vietz begonnen und beendet.

An zwei dieser Steine knüpfte die Sage an. Neben der Mariennische stand einer, größer als die andern und dicht beschrieben. Wer die Inschrift las, der wußte, daß Katharina von Gollmitz, eine Freundin des Hauses, einst unter diesem Steine gelegen hatte. Grete von Vitzewitz, der Verstorbenen in besonderer Liebe zugetan, hatte ihr, als sie während eines Besuches in Hohen-Vietz erkrankte und starb, einen Ehrenplatz in der Kirche angewiesen; aber die Freundin im Grabe hatte kein Gefühl für diese Auszeichnung und sehnte sich nach Haus. Immer wenn Grete Vitzewitz über den Grabstein hinschritt, hörte sie eine Stimme: »Grete, mach auf!« Da machten sie endlich auf und brachten den Sarg nach Jargelin, wo Katharina von Gollmitz ihre Heimat hatte. Nun wurde es still. Den Grabstein aber mauerten sie in die Wand.

Ein anderer Stein, dessen Inschrift längst weggetreten war, lag noch dicht vor dem Altar. Er war der einzige, den man an alter Stelle belassen hatte, vielleicht, weil er zerbrochen war. Er weigerte sich hartnäckig, mit den neben ihm liegenden Fliesen gleiche Linie zu halten, und bildete nach und nach eine Mulde. Wie oft auch seine zwei Hälften aufgenommen und Sand und Geröll in die Vertiefung hineingestampft wurden, der Stein sank immer wieder. Das Volk sagte: »Da liegt der alte Matthias; der geht immer tiefer.«

Dies war nun freilich ein Irrtum, der alte Matthias lag an anderer Stelle, wohl aber gehörte ihm das große Grabmonument an, das, nach der künstlerischen Seite hin, den Hauptschmuck der Hohen-Vietzer Kirche bildete. Es war ein Marmordenkmal, überladen, rokokohaft, dabei jedoch von großer Meisterschaft der Arbeit. Dem Gegenstande nach zeigte es eine gewisse Verwandtschaft mit dem Altarbilde des Saalanbaues. Matthias von Vitzewitz und seine Gemahlin kniend, dabei voll Andacht zu einer Kreuzigung Christi emporblickend. Alles Basrelief, nur die Knienden fast in losgelöster Figur. Darunter ihre Namen und die Daten ihres Lebens und Sterbens. Ein niederländischer Meister hatte das Werk gefertigt und es persönlich zu Schiff bis in die Oder hinaufgebracht.

Als die Bewohner des Herrenhauses die Kirche betraten, begann eben der Gesang der Gemeinde. Eine schmale Treppe, an einem der kleinen Seiteneingänge ausmündend, führte zu dem herrschaftlichen Stuhle hinauf. Dieser, ein auf Pfeilern ruhender, sehr einfacher Holzbau, war ursprünglich durch hohe Schiebefenster geschlossen gewesen, längst aber waren diese beseitigt, und nur noch zwei schmale Bretter, die von der Brüstung bis zur vollen Höhe der Decke aufstiegen, teilten den Raum in drei große Rahmen ab. Vorn an der Wandung war das Vitzewitzsche Wappen angebracht, ein Andreaskreuz, weiß auf rotem Grunde.

In Front dieses herrschaftlichen Stuhles, hart an der Brüstung hin, nahmen die Eintretenden geräuschlos Platz: erst Berndt von Vitzewitz, links neben ihm Renate, dann Tante Schorlemmer. Lewin stellte seinen Stuhl in die zweite Reihe. So vernachlässigt alles war, so war es doch nicht ohne einen gewissen Reiz. Gleich zur Rechten Altar und Kanzel; in Front des Altars das Taufbekken, eine silberne, mit allegorischen Figuren und unentzifferbaren Inschriften reich ausgeschmückte Schüssel, die nur mit großer Mühe vor den Händen des Feindes gerettet worden war. An der Wand gegenüber das vorerwähnte Marmordenkmal des alten Matthias und seiner Gemahlin. Das beste aber, was dieser unscheinbaren Stelle eigen war, war doch das große, fast einen Halbkreis bildende Fenster, das einen Blick auf den Kirchhof und weiter hügelabwärts auf einzelne zerstreute, wie Vorposten ausgestellte Hütten und Häuser des Dorfes gestattete. Neben diesem Fenster, hart an der Kirchwand, stand ein Eibenbaum, der von der Seite her die längsten seiner Zweige vorschob und regelmäßig an die Scheiben klopfte, wenn Pastor Seidentopf seine dreigeteilte Predigt den Hohen-Vietzern ans Herz legte. Lewin setzte sich immer so, daß er einen Blick auf das Fenster frei hatte. Er stand wohl fest auf dem Catechismo Lutheri, wie alle Vitzewitze, seitdem die gereinigte Lehre ins Land gekommen war, aber da war doch ein anderes in ihm, das ihn von Zeit zu Zeit trieb, mehr auf den Eibenbaum draußen als auf die Stimme von der Kanzel her zu achten, wäre diese Stimme auch mächtiger gewesen, als die seines alten Lehrers und Freundes, dem die sonntägliche Erbauung oblag.

Die Sonne schien hell, und ein einfallendes Streiflicht erleuchtete in plötzlichem Glanz die halbe Nordwand, vor allem das große Grabdenkmal dem herrschaftlichen Chorstuhl gegenüber.

Die lebensgroßen Figuren waren wie von rosigem Leben ange-
haucht. Lewin hatte die Schönheit dieses Bildwerkes nie so voll
empfunden; er las die langen Inschriften, wie er sich gestand,
zum erstenmal.

Der Gesang schwieg; schon während des letzten Verses war
Prediger Seidentopf auf die Kanzel getreten, ein Sechziger, mit
spärlichem weißen Haar, von würdiger Haltung und mild im
Ausdruck seiner Züge. Lewin hing an der wohltuenden Erscheinung, senkte dann den Blick und folgte in andächtiger Betrachtung dem stillen Gebet. Die Gemeinde tat ein Gleiches, neigte
sich und schaute voll herzlichem Verlangen zu ihrem Geistlichen auf, als dieser sein Gebet beendet und sein Haupt wiederum erhoben hatte. Denn die Gemüter waren damals offen für
Trost und Zuspruch von der Kanzel her und rechneten nicht
nach, ob die Worte lutherisch oder kalvinistisch klangen, so sie
nur aus einem *preußischen* Herzen kamen. Das wußte Seidentopf, der in gewöhnlichen Zeiten manche Widersacher unter den
strenggläubigen Konventiklern seines Dorfes zu bekämpfen
hatte, und ein heller Glanz, wie ihn ihm die innere Freude gab,
umleuchtete seine Stirn, als er nach Lesung des Evangeliums die
Textesworte zu erklären begann. Er sprach von dem Engel des
Herrn, der den Hirten erschien, um ihnen die Geburt eines
neuen Heiles zu verkünden. Solche Engel, so fuhr er fort, sende
Gott zu allen Zeiten, vor allem dann, wenn die Nacht der Trübsal auf den Völkern läge. Und eine Nacht der Trübsal sei auch
über dem Vaterlande; aber ehe wir es dächten, würde inmitten
unseres Bangens der Engel erscheinen und uns zurufen: »Fürch-
tet euch nicht, siehe, ich verkündige euch große Freude.« Denn
das Gericht des Herrn habe unsere Feinde getroffen, und wie
damals die Wasser zusammenschlugen und »bedeckten Wagen
und Reiter und alle Macht des Pharao, daß nicht einer aus ihnen
übrigblieb«, so sei es wiederum geschehen.

An dieser Stelle, auf das Weihnachtsevangelium kurz zurück-
greifend, hätte Pastor Seidentopf schließen sollen; aber unter der
Wucht der Vorstellung, daß eine richtige Predigt auch eine rich-

tige Länge haben müsse, begann er jetzt, den Vergleich zwischen dem alten und dem neuen Pharao bis in die kleinsten Züge hinein durchzuführen. Und dieser Aufgabe war er nicht gewachsen. Dazu gebrach es ihm an Schwung der Phantasie, an Kraft des Ausdrucks und Charakters. Schemenhaft zogen die Ägypterscharen vorüber. Die Aufmerksamkeit der Gemeinde wich einem toten Horchen, und Lewin, der bis dahin kein Wort verloren hatte, sah von der Kanzel fort und begann seine Aufmerksamkeit dem Fenster zuzuwenden, vor dem jetzt ein Rotkehlchen auf der beschneiten Eibe saß und in leichtem Schaukeln den Zweig des Baumes bewegte.

Nur Berndt folgte in Frische und Freudigkeit der Rede seines Pastors. Seine eigene Energie half nach; wo die Konturen nicht ausreichten, zog er seine scharfen Linien in die unsicher schwankenden hinein. Was als Schatten kam, wurde zu Leben und Gestalt. Er sah die Ägypter. Bataillone mit goldenen Adlern, Reitergeschwader, über deren weiße Mäntel die schwarzen Roßschweife fielen, so stiegen sie in endlos langem Zuge vor ihm auf, und über all ihrer Herrlichkeit schlossen sich die Wellen des Meeres. Nur über *einem* schlossen sie sich *nicht*; er gewann das Ufer, ein nördliches Eisgestade, und siehe da, über glitzernde Felder hin flog jetzt ein Schlitten, und zwei dunkle, tiefliegende Augen starrten in den aufstäubenden Schnee. Pastor Seidentopf hatte keinen besseren Zuhörer als den Patron seiner Kirche, der – und nicht heute bloß – die freundlich schöne Kunst des Ergänzens zu üben verstand. Aus der Skizze schuf er ein Bild und glaubte doch, dies Bild von außen her, aus der Hand seines Freundes, empfangen zu haben.

Nun war der Sand durch die Uhr gelaufen, die Predigt selbst geschlossen. Da trat der Pastor noch einmal an den Rand der Kanzel, und mit eindringlicher Stimme der sofort alle Herzen wieder zufielen, hob er an: »Mit Christi Geburt, die wir heute feiern, beginnt das christliche neue Jahr. Ein neues Jahr; was wird es uns bringen? Es wissen zu wollen, wäre Torheit; aber zu hoffen ist unserem Herzen erlaubt. Gott hat ein Zeichen gegeben; mögen wir es zum Rechten deuten, wenn wir es deuten: er will uns wieder aufrichten, unsere Buße ist angenommen, unsere Gebete sind erhört. Die Geißel, die nach seinem Willen sechs lange Jahre über uns war, er hat sie zerbrochen; er hat sich unserer Knechtschaft erbarmt, und die Weihnachtssonne, die uns umscheint, sie will uns verkündigen, daß wieder hellere Tage unserer harren. Ob sie kommen werden mit Palmen, oder ob sie kommen werden mit Schwerterklang, wer sagt es? Wohl mischt sich ein Bangen in unsere Hoffnung, daß der Sieg nicht einziehen wird ohne letzte Opfer an Gut und Blut. Und so laßt uns denn beten, meine Freunde, und die Gnade des Herrn noch einmal anrufen, daß er uns die rechte Kraft leihen möge in der Stunde der Entscheidung. Das Wort des Judas Makkabäus sei unser Wort: ›Das sei ferne, daß wir fliehen sollten. Ist unsere Zeit kommen, so wollen wir ritterlich sterben um unserer Brüder willen und unsere Ehre nicht lassen zuschanden werden.‹ Gott will *kein* Weltenvolk, Gott will keinen Babelturm, der in den Himmel ragt, und wir stehen ein für seine ewigen Ordnungen, wenn wir einstehen *für uns selbst.* Unser Herd, unser Land sind Heiligtümer nach dem Willen Gottes. Und seine Treue wird uns nicht lassen, wenn *wir* getreu sind bis in den Tod. Handeln wir, wenn die Stunde da ist, aber bis dahin harren wir in Geduld.«

Er neigte sich jetzt, um in Stille das Vaterunser zu sprechen; die Orgel fiel mit feierlichen Klängen ein; die Gemeinde, sichtlich erbaut durch die Schlußworte, verließ langsam die Kirche. Auf den verschiedenen Schlängelwegen, die von der Kirche ins Dorf herniederführten, schritten die Bauern und Halbbauern ihren halbverschneiten Höfen zu. Die Frauen und Mädchen folgten. Wer von der Dorfstraße aus diesem Herabsteigen zusah, dem erschloß sich ein anmutiges Bild: der Schnee, die wendischen Trachten und die funkelnde Sonne darüber.

Aus: *Vor dem Sturm.*

Aber diesmal wird es eine Freude sein

Weihnachten rückte heran und schon die ganze Woche vorher hieß es »aber *dies*mal wird es eine Freude sein ... so was Schönes« und wenn ich dann mehr wissen wollte, setzte die gute Schröder hinzu: »gerade was du dir gewünscht hast ... Die Mama ist viel zu gut, denn eigentlich seid ihr doch bloß Rangen.«

»Aber was is es denn?«

»Abwarten.«

Und so, fieberhaft gespannt, sahen wir dem Heilig-Abend entgegen. Endlich war er da. Wie herkömmlich verbrachten wir die Stunde vor der eigentlichen Bescherung in dem kleinen, nach dem Garten hinausgelegenen Wohnzimmer meines Vaters, das absichtlich ohne Licht blieb, um dann den brennenden Weihnachtsbaum, den meine Mama mittlerweile zurechtmachte, desto glänzender erscheinen zu lassen. Mein Vater unterhielt uns, während dieser Dunkelstunde, so gut er konnte, was ihm jedesmal blutsauer wurde. Denn wiewohl er unter Umständen, wie vielleicht nur allzu oft hervorgehoben, in reizendster Weise mit uns plaudern und uns durch freie Einfälle, die wir verstanden, oder auch nicht verstanden, zu vergnügen wußte, so war er doch ganz unfähig, etwas einer bestimmten Situation Anzupassendes, also etwas für ihn mehr oder weniger Zwangsmäßiges, leicht und unbefangen zum besten zu geben. Sonst ein so glücklicher Humorist, konnte er den richtigen Ton bei solchen Gelegenheiten nie treffen. Am Weihnachtsabend trat dies immer sehr stark hervor. Er sagte dann wohl zu sich selbst, fast als ob er sich auf eine richtige Stimmung hin präpariere: »Ja, das ist nun also Weihnachten ... An diesem Tage wurde der Heiland geboren ... ein sehr schönes Fest ...« und hinterher wiederholte er all diese Worte auch wohl zu uns und sah uns dabei mit zurechtgemachter Feierlichkeit an. Aber eigentlich schwankte er bloß zwischen

Verlegenheit und Gelangweiltsein und wenn dann zuletzt die Klingel der Mama das Zeichen gab und wir, nach dreimaligem Ummarsch um einen kleinen runden Tisch und unter Absingung eines an Plattheit nicht leicht zu übertreffenden Verses:

>Heil, Heil, Heil,
Heil, dreifacher Segen,
Strahl' o heller Lichterglanz
Unsrem Fest entgegen«

über den Flur fort in das Vorderzimmer einmarschierten, war er, mein Vater, wo möglich noch froher und erlöster als wir, die wir bis dahin doch bloß vor Ungeduld gelitten hatten.

So war es auch an dem hier zu schildernden Weihnachtsabend wieder. Unser Einmarsch, unter Absingung obiger Strophe war eben erfolgt und verwirrt und befangen, standen wir, auf den Baum starrend, um die Tafel herum, bis die Mama uns endlich bei der Hand nahm und sagte: »Aber nun seht euch doch an, was euch der heilige Christ beschert hat. Hier das – und diese Worte richteten sich speziell an mich – hier das unter der Serviette, das ist für dich und deinen Bruder. Nimm nur fort.« Und nun zögerten wir auch nicht länger und entfernten die Serviette. Was oben auf lag, weiß ich nicht mehr, vielleicht zwei große Pfefferkuchenmänner oder Ähnliches, jedenfalls etwas, was uns enttäuschte. »Seht nur weiter« und nun nahmen wir, wie uns geheißen, auch das zweite Tuch ab. Ah, das verlohnte sich. Da lagen, gekreuzt, zwei schöne Korbsäbel, also genau das (die gute Schröder hatte recht gehabt), was wir uns so sehnlich gewünscht hatten. Und so stürzten wir denn auf die Mama zu, ihr die Hände zu küssen. Aber sie wehrte uns ab und sagte auch diesmal wieder: »seht nur weiter« und in einem Aufregezustand ohne Gleichen, denn was konnte es nach diesem Allerherrlichsten noch für uns geben, wurde nun auch die dritte Serviette fortgezogen. Aber, alle Himmel, was lag da! Ein aus weißem und rotem Leder geflochtener Kantschu, der damals, ich weiß nicht unter welcher sprachlichen Anlehnung, den Namen Peserik führte. Meine Mutter hatte erwartet, unsere Freude durch diese scherzhafte Behandlung des Themas gesteigert zu sehen. Aber, nach der Freudenseite hin, gingen meine Gedanken und Gefühle durchaus *nicht*. Ganz im Gegenteil. Ich war einfach außer mir und lief in den Garten hinaus, um da wieder zu mir selbst zu kommen, was freilich nicht glücken wollte. Die Weihnachtsfreude war hin, war an einem gutgemeinten, aber verfehlten Scherze gescheitert. Hatte ich Unrecht? Ich glaube, nein. Jedenfalls, wie ich die Sache vor 60 Jahren ansah, so sehe ich sie noch heute an. Es lag diesem Einfall eine volle Wesens- und Charakterverkennung zu Grunde. Für andere hätte es vielleicht gepaßt, für mich nicht. Ich erinnere mich, vor vielen Jahren einmal, in einem Bogumil Goltzschen Buche, das den Titel führte: »Aus meiner Kindheit« (oder so ähnlich) gelesen zu haben, er, der Verfasser, sei jedesmal glücklich gewesen, wenn der Peserik seiner Mutter aus aller Macht über ihn gekommen sei. »Um jeden Schlag schade, der vorbeiging.« Natürlich kann auch nach diesem Prinzip erzogen werden und ich will gern einräumen, daß dabei prächtige, urkräftige Jungen heranwachsen können, die für die Zukunft mehr Tüchtigkeit versprechen, und dies Versprechen auch halten, als solch empfindsames, von allerhand Eitelkeiten beherrschtes Bürschchen, wie ich eines war. Aber wenn dies auch dreimal richtig wäre, so bliebe dieser Erziehungseinfall – denn etwas Erzieherisches sollte es im letzten doch sein – in meinen Augen immer noch ebenso verfehlt. Ich konnte mich doch nicht plötzlich umwandeln; ich blieb, meinetwegen leider, genau derselbe Empfindling, der ich war, nichts an und in mir wurde besser, ich hatte nichts davon als eine Kränkung und ein verdorbenes Fest. Es gibt nun mal verschiedene Naturen und wenn es geboten sein mag, schwächer Ausgestattete zu kräftigen und zu stählen, auch wenn es diesen zunächst wehe tut, so ist doch, von den sonstigen Schwierigkeiten der Sache ganz abgesehn, die Stunde, wo der Weihnachtsbaum angezündet wird, sicherlich nicht der Zeitpunkt dafür. Es soll an diesem Abend nicht erzogen, sondern erfreut werden und der, dem diese Aufgabe zufällt und der sich ihr noch dazu freudig und liebevoll zu unterziehen trachtet, der muß sich doch notwendig die Frage vorlegen, ob der zu Erfreuende an dem, wodurch man ihn erfreuen will, auch wirklich eine Freude haben kann.

Überhaupt, der Abend an dem dies spielte, war kein rechter Glücksabend.

Es gibt eine kleine Geschichte, die sich, wenn ich nicht irre, »die Pantoffeln des Kasan« betitelt. Gerade damals mußte ich diese, die mutmaßlich aus Tausend und Einer Nacht herübergenommen war, aus meinem französischen Lesebuch übersetzen. Es handelt sich darin um ein paar hübsche Pantoffeln, die jeder gerne haben möchte; sobald er sie aber hat, bringen sie ihm bloß Unglück. Ähnlich erging es mir mit den Korbsäbeln, – ich wollte sie haben und als ich sie hatte, brach das Unheil über mich herein. Allerdings war mir bis zu Eintritt der eigentlichen Katastrophe noch eine kurze Frist gegönnt, während welcher ich mich – nach Überwindung des ersten Ärgers am Weihnachtsabend selbst – wenigstens zeitweilig noch in der Vorstellung wiegen durfte, mich meines Weihnachtsgeschenkes freuen zu können. Dies hatte seinen Grund in Folgendem. Es war schon Jahr und Tag, daß ich, modern zu sprechen, auf nichts Geringeres als auf eine Armeeorganisation hinarbeitete. Doublierung meiner Streitkräfte wäre mir natürlich das liebste gewesen, da sich das aber verbot, so war ich auf Neu-Bewaffnung und mit Hülfe dieser auf eine neue Taktik, überhaupt auf ein neues Heer- und Kriegs-System aus. Der bis dahin in meiner ausschließlich mit Speer oder Lanze bewaffneten Truppe vorherrschende Gedanke war, weil ich eine heilige Scheu vor ausgestoßenen Augen hatte, durchaus auf Defensive gerichtet gewesen und hatte von Anfang an zu der Weisung geführt, in kritischen Momenten immer nur, mit Rücken an Rücken, die Speere vorzustrecken, also das zu bilden, was in der Landsknechtzeit ein Igel genannt wurde. Danach war dann auch jederzeit verfahren worden. Aber jetzt, wo die zwei Korbsäbel da waren, war es mir klar, daß es mit dem alten System vorbei sein müsse. Das beständige Stillstehen und Abwarten des feindlichen Angriffs, war langweilig und unmännlich zugleich. Und so wurde denn beschlossen, bei der gesamten Truppe statt des Speeres den ganz auf Attacke gestellten Korbsäbel und statt des unbequemen hohen viereckigen Schildes einen kleinen Rundschild einzuführen, nur gerade groß genug, das Gesicht zu decken. Es glückte das auch alles. Die Beschaffung der Säbel wurde mit Hülfe verschiedentlich erneuten Vorgehens gegen die mütterliche Wirtschaftskasse durchgesetzt und die Herstellung der Rundschilde war meine Sache. Lange bevor Ostern da war, war, was Bewaffnung angeht, der Übergang aus dem einen System ins andere bewerkstelligt. Ich versprach mir viel davon und der Umstand, daß die, jeden Mittwoch- und Sonnabend-Nachmittag, nach wie vor von uns bezogenen »Campements« ohne Störung oder Angriff von Seiten unserer Feinde – trotzdem sich etliche große, halbwachsene Jungen mit schottischen Mützen unter ihnen gezeigt hatten – verstrichen waren, bestärkte mich darin, daß wir angefangen hätten, der uns feindlichen Straßenjungenwelt zu imponieren.

Eine Weile blieb ich auch noch in dieser Täuschung. Aber, wie schon angedeutet, auch wirklich nur eine kleine Weile.

Aus: *Meine Kinderjahre.* Überschrift v. Hrsg.

An Emilie Fontane

(3 ½ Uhr Morgens)

Meine liebe Frau.

Mal wieder Verse!

Es ist wirklich alles mögliche. Freu Dich daran, in Ermanglung von etwas Bessrem. Ich hatte vor Dir ein seidnes Kleid zu schicken; aber es wäre doch am Ende zu unsinnig gewesen; Du hast es besser und billiger und hübscher in der Heimath. Fordre es Dir aber von mir, wenn wir uns wiedersehn.

Heut traf Euer Weihnachtsmann hier ein. Tausend Dank. Das Bild des Jungen macht mir große Freude und die Arbeit für Morris ist *ganz apart schön*. Ich habe nicht leicht etwas geschmackvolleres gesehn. Die Börse ist mir sehr willkommen. Nochmals herzlichen Dank.

Ich habe 40 Rthr Gratifikation erhalten; was ich sehr noble finde. Die Summe ist vernünftigerweise an Mutter Kummer ausgezahlt worden, in der Voraussicht, daß sie *Dir* dieselbe zustellen werde. Doch erhielt ich heute von ihr so confuse Zeilen, daß ich durchaus nicht sicher bin, sie sei dieser liebenswürdigen Intention Metzels auch wirklich nachgekommen. Ich wünschte sehr, daß Dir, in Ermangelung eines wirklichen Geschenks, einer Aufmerksamkeit, wenigstens 40 blanke Thaler aufgebaut würden. Es thut dem Auge doch immer wohl. Habt recht, recht frohe Festtage und seid alle Mutter, Schwester, Kind, Frau auf's herzlichste gegrüßt und geküsst von Eurem

Theodor.

Dinstag Abend.

Im Café Divan wieder einmal
Starr' ich still in die flammenden Leuchter,
Das Herz wird weihnachts-sentimental
Und die Wimpern werden feuchter;
Doch zwischen die Thränen tritt Freund Humor,
Ein gemüthlich-lustiger Lerse,*
Und nur ein leiser Trauerflor
Legt sich um die lachenden Verse.

Ich seh im Geist ein rumpliches Haus
Und eine rumpliche Stube,
Drei Frauen gehen ein und aus
Und der vierte ist mein Bube;
Die älteste Frau hat schwarzes Haar
Und die jüngste hat es nicht minder,
Das macht, es ist wie's immer war,
Es ähneln sich Mutter und Kinder.

Die dritte sieht ihren Knaben an,
Unter Lachen und unter Weinen,
Sie denkt: ich hab' eine Art von Mann
Und hab' auch wieder keinen;
Der Junge spielt und fährt über See,
Um seinen Vater zu suchen,
Er ruft: »lieb Mutter mein, Ade,
Ich hole den Butterkuchen.«

Der Vater ach, ihm ist nicht nett,
Er muß sich wehren und stemmen,
Er säß' viel lieber im Kabriolett
Und passirte Friesack und Cremmen;

* (siehe Götz von Berlichingen. Anmerkung für unliterarische Leser)

42

Er spränge gern zum Wagen hinaus
Am Kanal und der Kirchplatz-Ecke,
Und schleppte gern in das rumplige Haus
Den besten der Ruprecht-Säcke.

Es kann nicht sein; am Londoner Strand,
In Simpson's stolzer Taverne,
Legt an die Stirn er seine Hand
Und träumt sich ferne, ferne.
Er sieht durch Nebel und über das Meer
Eine Fülle lieber Gesichter,
Und heimisch wird es um ihn her
Als brennten die Weihnachtslichter.

Tannenbaum und Stechpalme

Weihnachten klopft auch in London an die Türen. Es ist nicht mehr der national-britische Christmas-eve mit seinem vorwiegend patriarchalischen Charakter; der Klopfende gleicht vielmehr unsrem alten Freunde »Knecht Ruprecht«, der während der letzten zwanzig Jahre es prächtig verstanden hat, für sich selber Propaganda zu machen und auch der englischen Weihnachtszeit ein mehr und mehr deutsches Gepräge zu geben. Mit andern Worten, es ist der Sieg des Tannenbaums über den alt-englischen Weihnachtsbaum, den mistle-toe. In alten Zeiten (wie jedermann aus zahllosen Beschreibungen englischer Romane weiß) prangte der weihnachtliche Mistelbusch am äußersten Ende der festgeschmückten Halle; der Qualm der Lichter und Fackeln mischte sich mit dem Duft der Rund- und Rückenstücke, die an flackernden Feuern brieten; Musik erklang und die scharf gezogenen Schranken zwischen Herr und Diener fielen auf die kurze Dauer eines Abends. Unter dem alten Mistelbusch galt überdies noch das alte Reimwort von einem »Kuß in Ehren«. So war es vordem. Das Alte hat sein Leben auf Schlössern und Herrensitzen gerettet; aber in den großen Städten ist, neben der Mistel und dem reizenden Stechpalmenreis, die Tanne in die Höh' geschossen und bedroht die alten weihnachtsgrünen Mächte mit einer siegreichen Konkurrenz. Eine neue Dynastie, aber stark, weil zweckentsprechend. Einzelne Hyperpatrioten, die den »german influence« auf jedem Gebiete, auch auf dem harmlosesten, bekämpfen und ausrotten möchten, haben zwar die deutsche Tanne in den Bann getan; aber sie werfen sich vergebens dem rollenden Rad entgegen, und jeder neue Weihnachtstisch ist ein neuer Sieg unserer deutschen Sitte. Die Umwandlung hat sich in London beinah vollständig vollzogen: Das Weihnachtsfest, dessen häusliche Feier ein soziales Fest, ein Fest der Ausgleichung, der Brüderlichkeit im schönsten Sinne war, ist ein Kinderfest geworden. Eine schöne und tief poetische Idee hat die andere abgelöst; vielleicht war das alte tiefer im Gedanken und lustiger in der Erscheinung, aber das neue ist lieblicher und heitrer. Noch einmal: Weihnachten im englischen Hause ist ein Kinderfest geworden, und im Einklang mit dieser Wandlung präsentieren sich jetzt die Londoner Straßen. Auch hier drängen sich die Penny-, die Six-Pence- und die Schilling-Buden; riesige Wiegepferde (hübscher als die unsrigen, wie es sich in dem Lande des Vollbluts geziemt) bäumen in die Höh' oder sprengen in vollem Galopp durch die Spiegelscheiben; Trommeln (schlechter als die unsrigen, wie sich's im Lande der militärischen Antipathien von selbst versteht) bilden die üblichen Pyramiden; rote, sternbesäte Luftballons schweben die Glasdecke der Arkaden entlang, und überall an den Straßenecken grünt das Edeltannenreis in Blumentöpfen. Auch an Kauflustigen fehlt es nicht. In der Mittagszeit sind die zur Stadt fahrenden Omnibusse bis auf den letzten Platz besetzt. Damen, junge und alte, sitzen sich in langer Reihe einander gegenüber und haben etwas von der ernsten Würde des Weihnachtsmannes. Nur ein Element unter den täglichen Fahrgenossen fehlt – die Kinder. Das Geheimnis der Weihnachtswoche hält sie daheim, und hier wie überall finden sich selbst die wildesten leicht in jene Gefangenschaft, die schon nach wenig Tagen mit der Freiheit und – dem Christbaum schließt.

Des armen Mannes Weihnachtsbaum

London, 24. Dezember. Ich sah in den Straßen Londons einen prächtigen Ginsterbusch, nicht als kriegerisches Wahrzeichen wie vordem, sondern als friedlichen Weihnachtsbaum, als schlichteren Ersatz für die schlichte Tanne. Es war in Tottenham-Court-Road, und es begann schon zu dunkeln. Groß und klein eilte nach Haus, um zu rechter Stunde an rechter Stelle zu sein; alles war Leben, Bewegung, Freude. Unter denen, die ihrer Wohnung zuschritten, war auch ein Arbeiter, ein Mann in der Mitte der Dreißiger, blaß, rußig, ermüdet. Neben ihm ging sein ältestes Kind, ein Knabe von sechs bis sieben Jahren; er schleppte sich mühsam weiter. Das jüngste Kind war auf der linken Schulter des Vaters eingeschlafen, während er auf der rechten einen mächtigen Ginsterbusch als Weihnachtsbaum nach Hause trug. Der Ginsterbusch *blühte.* Man sieht viel Elend in den Straßen Londons, aber selten eines, in dessen Öde sich zartere Züge mischen, und so blieb ich stehen und sah dem müd und matten Zuge nach. Es war ersichtlich, die Mutter war tot, und dem Vater war die Aufgabe zugefallen, den beiden Kindern ihr Christfest zu bereiten. So war er denn hinausgegangen nach Hampstead-Heath, um auf der weiten winterlichen Heide den Weihnachtsbaum zu finden, den er zu arm war, an der nächsten Straßenecke zu kaufen. Die Kinder hatten ihn begleiten müssen, weil niemand im Hause war, der sich ihrer angenommen hätte. Jetzt kamen sie von ihrem Gange zurück, der Älteste müde, der Jüngste eingeschlafen. Was mochte sie daheim empfangen? Welcher Weihnachtsfreude gingen sie entgegen? Ich malte mir das Zimmer des armen Mannes aus: Der Ginsterbusch stand auf dem Tisch, und ein ärmliches Feuer brannte im Kamin; nichts Festliches sonst umher als das Herz seiner Bewohner. Im Widerschein des Feuers aber sah ich die gelben Ginsterblumen wie Weihnachtslichter leuchten, und ihr Blühen war wie die Verheißung eines Frühlings nach Erdenleid und Winterzeit.

Zu Weihnachten 1856

Die Weihnachtszeit ist wieder da
Mit Tannen und mit Lichtern,
Ich stünde gern als Herr Papa
Unter lachenden Gesichtern;
Doch ach, zu fremdem Gänse-Genuß
Nach Brompton fahr' ich im Omnibus,
Es geht nun mal nicht anders.

Gern kröch ich umher mit meinem boy
Wie der Sohn der Jeanne d'Albret
Und stimmte mit ein, bei Hott und Hei,
In sein Lachen und Gedalbre;
Doch die Abschlagszahlung auf meinen Wunsch
Heißt ›66‹ und Whisky-Punsch –
Es geht nun mal nicht anders.

Die Stunden gehen, die Tage gehen,
Vergehen immer geschwinder,
Es kommt, will's Gott, ein Wiedersehn,
Es kommen Frau und Kinder,
Es ist der Trennung bald genug
Und leer wird auch ein bittrer Krug,
Es geht nun mal nicht anders.

An Henriette von Merckel

London d. 27. Dezember 56.
92 Guilfort Street.

Hochverehrte gnädige Frau.

Die letzten Tage im Jahre will ich Zeit haben und zwar Zeit für mich und alle diejenigen, die meinem Herzen nahe stehn. Wenn der Krieg mit den Nachkommen Winkelrieds darüber ausbricht, so mag er ausbrechen ich kann nicht der »Vertretung diesseitiger (von hier aus eigentlich jenseitiger) Interessen« jede private Herzensbeziehung zum Opfer bringen. Diese reizend dienstliche Wendung »Vertretung diesseitiger Interessen« führt mich auf Metzels Brief an meine Frau, der mir allerdings eine Weihnachtsfreude gewesen ist. Er ist mit ebensoviel Freundlichkeit wie Feinheit, ich meine nicht diplomatische, abgefaßt und genügt mir. Ich weiß einigermaßen, wie die Glocken in den betreffenden Quartieren hängen und bemesse danach das Maß meiner Ansprüche und Erwartungen. Geld hat man nicht und rechten Einfluß auch nicht. Die Centralstelle kann aus eignen Mitteln nichts tun, die Mittel reichen dazu nicht aus und handelt es sich darum, bei andren Behörden Eingang zu finden, von diesem oder jenem Ministerium direkte Zusagen zu erhalten, so scheitern solche Versuche mal auf mal, teils weil die Leute wirklich nicht wissen, was sie aus einem machen sollen, teils weil sie auch nicht wollen. Es kann nicht anders sein. Alles was zur Presse gehört, ist wenig geliebt und viel gefürchtet. Die unteroffizierliche Mittelmäßigkeit in den Bureaus fühlt sich bedrückt durch die geistige Überlegenheit der Preßparvenus und lehnt sich gegen sie auf, so weit es geht; das trifft die letzteren unverschuldet. In den meisten Fällen aber ist die Schuld bei den Preß-Eindringlingen und allem, was ihnen ähnlich sieht; sie sind anmaßend und ängstlich zugleich, in gewissen Formalitäten unbewandert und deshalb ungeschickte Theoretiker ohne Kenntnis und ohne

Würdigung des Praktischen, intriguant und ehrgeizig zum Exceß. Da hab' ich noch lange nicht die schlechtesten geschildert. Ist es zu verwundern, wenn die alte steife Bureaukratie sich nicht recht amalgamieren will, wenn sie nur so viel tut wie sie muß? Dies alles erwogen, muß man seine Erwartungen notwendig 'runter schrauben und zufrieden sein, wenn von den Vorgesetzten eine gewisse moralische Verpflichtung anerkannt wird, seiner Zeit für den Odysseus von Guilfort Street, der übrigens weder Circe's noch Calypso's kennt, eine Stätte in Ithaka zu bereiten.

Mein Weihnachtsabend war passabel. Den Tag über hatt' ich eine lange Correspondenz für die Illustrierten Monatshefte, ein neues Blatt in Braunschweig, geschrieben, machte dann im furchtbarsten Wetter meine kleinen Einkäufe und kam endlich naß und kalt bei meinem Mr. Alberts an. Zum Glück war noch niemand da und so setzt' ich mich denn an den Kamin und trocknete mich, wie man ein nasses Handtuch trocknet; meine dicken Stiefel dampften dermaßen, daß ich bald in einer Wolke von Wasserdampf saß. Nach einer halben Stunde kam man, dann wurde aufgebaut und die Liebenswürdigkeit des Wirts erzeugte eine passable Heiterkeit.

Die Familie Alberts war von 6–7 auf der Gesandtschaft, zur Bescherung, gewesen. Ich hatte auch eine Einladung erwartet, richtiger gefürchtet, denn ich hatte keine halbe Stunde Zeit übrig. Die Einladung unterblieb. So herzlich froh ich nun auf der einen Seite darüber war, so muß ich doch andrerseits zugestehn, daß es ein bißchen eigentümlich ist. Excellenz konnte nicht wissen, daß mir herzlich daran liegen mußte, nicht eingeladen zu werden …

Wenn ich sagen sollte, daß mich irgend etwas dieser Art verdrösse, so müßt' ich lügen; ich bleibe so ruhig dabei, daß mich's selber mitunter Wunder nimmt. Ich glaube, es kommt daher, daß ich, wenn ich mir selber solch Zeugniß ausstellen darf, die Fähigkeit habe, eine Situation zu begreifen, und mit einer Art von dramatischem Talent mich in die Seele andrer hinein denken kann. Mein Lieblingssatz, der jetzt durch alle meine Briefe hindurchklingt, ist der: es kann nicht anders sein. Freilich es könnte doch anders sein, aber das wäre die Ausnahme und die darf man nicht erwarten.

Man weiß nicht, wie man sich zu mir stellen soll. Ich zweifle, daß der Gesandte meine Gedichte gelesen hat; wenn er sie gelesen hat, so zweifle ich, daß er sie versteht, das heißt, daß er ihre Schwächen erkennt und ihre Vorzüge würdigt, und drittens, wenn er sie versteht, so weiß er doch nicht, welchen Ton er mir gegenüber anschlagen soll. Die, wenn ich mich so ausdrücken darf, reservierte Vertraulichkeit, die Vertrauen erweckend entgegenkommt und doch unüberschreitbare Grenzen zieht, ist eine schwere Kunst und wenige verstehn sie zu üben. In meinem Falle kommt noch manches hinzu. Herr Alberts weiß, daß ich Apotheker gewesen bin und durch ihn der Gesandte auch. Anstatt zu sagen: »Tausendwetter der Mensch muß notwendig Talent haben, weil er Apotheker war, 14 lange Jahre, und dies und das aus sich gemacht hat«, statt dessen heißt es: »er kann unmöglich was Reelles leisten, denn er ist ja eigentlich nur ein Apotheker.« Die Menschen zu bekehren ist meist unmöglich, denn es gehören allerhand Gaben des Geistes und Charakters dazu, sich bekehren zu lassen; im günstigsten Fall aber bedarf es vieler Jahre dazu. Ich glaube, ich sehe ziemlich klar in diesen Sachen und mache mir weder Illusionen noch verbittere ich mich gegen Zustände und Personen. Die Hauptsache ist, die Menschen sind egoistisch und geben sich keine Mühe, auf das Wesen und die Ansprüche eines Andern einzugehn. Dies kann den Anschein von Indifferenz gegen geistige Dinge, von mangelhafter Befähigung oder von überfirnißtem Vandalismus gewinnen, aber mit – Unrecht. Es kann jemand von der Argo keine Notiz nehmen oder er kann die unzureichendsten Urteile darüber fällen und doch ein sehr befähigter, klar blickender Mann sein. Der ganze Kreis, in dem wir stecken, verwechselt mehr oder minder die Fähigkeit, gute Verse zu machen, mit Fähigkeit überhaupt. Ich habe bei Kugler's vornehme und ausgezeichnete Leute wie halbe

Esel behandeln sehn, bloß weil sie das Kunstblatt nicht hielten, Deborah ein gutes Stück nannten und die »Hermen« von Heyse noch nicht gelesen hatten. Etwas davon steckt in uns allen. Die geistreichen und Bücher-machenden Leute überschätzen wir und uns einspinnend in bestimmte Kreise, gelegentlich wie der Strauß den Kopf in den Sand steckend, merken wir nicht zur Genüge, welche Kräfte noch um uns her wirksam sind, Kräfte, die, wenn sie wollten, auch Bücher machen könnten, aber sie – wollen nicht.

Unter tausend Empfehlungen an Sie und den Gemahl Ihr ergebenster

Th. Fontane.

Hoppenmarieken

Hoppenmarieken wohnte auf dem »Forstacker«, an dessen Rande sich seit hundert Jahren und länger eine aus bloßen Lehmkaten bestehende Straße gebildet hatte. Diese Straße, von den Hohen-Vietzern immer als etwas Fremdes angesehen, stand rechtwinklig zu dem eigentlichen Dorf, nahm hundert Schritt hinter dem Mühlengehöft ihren Anfang und stieg hügelan, in Parallellinie mit der mehrerwähnten, die Auffahrt zum Herrenhause fortsetzenden Nußbaumallee. Es war das Armenviertel von Hohen-Vietz, zugleich die Unterkunftsstätte für alle Verkommenen und Ausgestoßenen, eine Art stabilgewordenes Zigeunerlager, das Abgang und Zugang erfuhr, ohne daß sich die Dorfobrigkeit im einzelnen darum gekümmert hätte. Der »Forstacker war immer so«. So ließ man es gehen und griff nur ein, wenn grober Unfug eine Bestrafung durchaus erforderte.

Wie der moralische Stand des Forstackers, so war auch seine Erscheinung. Die Hütten seiner Bewohner unterschieden sich von den in Front und Rücken derselben stehenden Kofen in nichts als in dem Herdrauch, der aus ihren Dächern aufwirbelte. Der Schnee, der jetzt alles überdeckte, stellte vollends eine Gleichheit her.

In der letzten, schon auf halber Höhe des Hügels gelegenen Lehmkate wohnte, womit wir unser Kapitel begannen, Hoppenmarieken. Die Kofen fehlten; statt dessen faßte ein Heckenzaun das Häuschen ein, welches letztere nach vornhin eine Tür und ein Fenster, sonst aber nirgends einen Eingang oder eine Lichtöffnung hatte. Ein Würfel mit bloß zwei Augen. Das Innere bestand aus wenig Räumen. Der Flur, der nach hintenzu zugleich die Kochgelegenheit hatte, war ebenso schmal wie tief, dazu völlig dunkel; in Sommerszeit aber erhielt er Licht durch die offenstehende Tür, während im Winter das auf dem Herd brennende Feuer aushelfen mußte. Neben dem Flur lag die Stube; hinter dieser der Alkoven.

So war Hoppenmariekens Haus. Wer aber war Hoppenmarieken?

Hoppenmarieken war eine Zwergin. Wo sie eigentlich herstammte, wußte niemand mit Bestimmtheit zu sagen. Die älteren Hohen-Vietzer erzählten, daß sie vor etwa dreißig Jahren ins Dorf gekommen und als eine halbe Landstreicherin, wie manche andere vor ihr und nach ihr, mit wenig günstigen Augen angesehen worden sei. Der damals lebende Gutsherr aber, Berndt von Vitzewitz' Vater, habe Mitleid mit ihr gehabt und die entgegenstehenden Bedenken mit der halb scherzhaften Bemerkung niedergeschlagen: »Dafür haben wir den Forstacker.« Schon damals, so hieß es, habe sie so ausgesehen wie jetzt, ebenso alt, ebenso häßlich, habe dieselben hohen Wasserstiefel, dasselbe Kopftuch getragen und sei, damals wie heute, schon auf weithin kennbar gewesen durch den roten Friesrock, die Kiepe auf ihrem Rücken und den mannshohen, krummstabartigen Stock in ihrer Hand.

Hoppenmarieken, soviel stand fest, hatte sich seitdem auf dem Forstacker eingebürgert und war in der ganzen Südhälfte des Oderbruchs die allergekannteste Person. Dafür sorgte neben ihrer Erscheinung auch ihr Geschäft. Sie hatte deren mehrere. Zunächst war sie Botenläuferin. Dreimal die Woche, wie immer auch Weg und Wetter sein mochte, brach sie, je nach dem Postengange, früh morgens oder spät abends auf, empfing Briefe, Zeitungen, Pakete und kehrte zwölf Stunden später, es sei von Frankfurt oder von Küstrin, nach Hohen-Vietz zurück. Und dieser Botendienst, wie er sie überall bekanntgemacht hatte, machte sie schließlich, trotz allem, was dann und wann gegen sie laut wurde, auch wohlgelitten. Jedes freute sich, Hoppenmarieken über den Hof kommen und durch eine eigentümliche Bewegung ihres Stockes, die etwas Tambourmajorhaftes hatte, angedeutet zu sehen: »Ich bringe Neuigkeiten.« Alle Landposten sind wohlgelitten.

Diese Botendienste bildeten aber nur die Basis ihrer Existenz; wichtiger für sie oder doch wenigstens einträglicher war das Kommissionsgeschäft, das sie nebenbei betrieb. Der Eierhandel aller Dörfer anderthalb Meilen um Hohen-Vietz herum lag eigentlich in ihrer Hand, wobei sie sich doppelter Provisionen zu versichern wußte. Dies ermöglichte sich dadurch, daß das ganze Geschäft auf Tausch beruhte. Eine Bauerfrau in Zechin oder Wuschewier, die sich ein neues Kopftuch wünschte, setzte sich, wenn Hoppenmarieken des Weges kam, mit dieser in Verbindung, packte ihr einen bereitgehaltenen Hahn samt ein paar Stiegen Eier in die Kiepe und überließ es nun ebenso ihrem Genius wie ihrer Diskretion, das Kopftuch zu beschaffen. Es kam vor, daß in diesem oder jenem Artikel Hoppenmarieken den ganzen Markt bestimmte. Man sah in diesen Vorteilen, die ihr zufielen, einen ehrlichen Verdienst und hatte recht darin. Aber nicht all ihr Verdienst war so ehrlicher Natur. Auf dem Forstacker wohnten Leute, die, selbst übel beleumdet, ihr böse Dinge nachsagten. Aber auch im Dorfe selbst wußte man davon zu erzählen. Die liederlichen Dirnen schlichen sich abends in ihr Haus; sie wahrsagte, sie legte Karten. Sonntags war sie immer in der Kirche und sang mit ihrer rauhen Stimme die Gesangbuchlieder mit, von denen sie die bekanntesten auswendig wußte; aber niemand glaubte, daß sie eine ehrliche Christin sei. Man hielt sie für einen Mischling von Zwerg und Hexe. Selbst im Herrenhause, wo man ihr als einer Dorfkuriosität, zum Teil aber auch um ihrer Brauchbarkeit willen manches nachsah, dachte man im ganzen genommen wenig günstiger über sie. Nur Lewin stand ihr mit einer gewissen poetischen Zuneigung zur Seite. Er liebte scherzhaft über sie zu phantasieren. Ihr Alter sei unbestimmbar, sie sei ein geheimnisvolles Überbleibsel der alten wendischen Welt, ein Bodenprodukt dieser Gegenden, wie die Krüppelkiefern, deren einige noch auf dem Höhenrücken ständen. Bei anderen Gelegenheiten wieder, wenn ihm vorgehalten wurde, daß die Wenden sehr wahrscheinlich schöne Leute gewesen seien, begnügte er sich, sie als ein Götzenbild auszugeben, das, als der letzte

Czernebogtempel fiel, plötzlich lebendig geworden sei und nun die früher beherrschten Gebiete durchschreite. Er fügte auch wohl hinzu: Hoppenmarieken werde nie sterben, denn sie lebe nicht. Sie sei nur ein Spuk. Darin versah er es nun aber ganz und gar; sie lebte nicht nur, sie lebte auch gern und gut und dabei ganz mit jener sinnlichen Lust, wie sie den Zwergen immer und den Geizigen in der Regel eigen ist. Und sie war beides, zwergig und geizig.

Die Bauern hatten sich nach ihrem Diskurs im Scharwenkaschen Kruge kaum getrennt, als Hoppenmarieken in dem schweren Schritt ihrer Wasserstiefel die Dorfgasse heraufkam. Sie ging rasch wie immer, nüsterte und sprach unverständliche Worte vor sich hin. Ihr langer Hakenstock bewegte sich dabei taktmäßig auf und ab, und ihr roter Friesrock leuchtete.

Als sie das Mühlengehöft passiert hatte, schwenkte sie links und schritt nun die verschneite Lehmkaten- und Kofenstraße hinauf auf ihr Häuschen zu. Die Tür desselben war nur eingeklinkt und mit Recht, denn alles, was sich drinnen befand, stand im Schutze seiner eigenen Unheimlichkeit. Völliges Dunkel empfing sie; sie tappte, sich mit dem Stocke fühlend, bis in die Mitte des Flurs, stellte hier Stock und Kiepe beiseite und fuhr dann mit ihrer Hand, die eine Hornhaut hatte, in der Herdasche umher, bis ein paar glühende Kohlen zum Vorschein kamen. Sie blies nun, nahm einen Schwefelfaden und zündete mit Hilfe desselben eine Blechlampe an, ohne übrigens von dem bescheidenen Lichte, das dieselbe gab, zunächst Gebrauch zu machen. Sie kroch vielmehr in ein großes, unmittelbar neben dem Herd befindliches Ofenloch hinein, rührte auch hier mit einem langen, halb verkohlten Scheit in der tief nach hinten liegenden Glut, warf Reisig, Tannenäpfel und ein paar Stücke steinharten Torfes auf und trat nun erst in die Stube.

Diese war geräumig. Hoppenmarieken leuchtete darin umher, sah in alle Winkel, tat einen Blick in den nach hinten zu gelegenen Alkoven und drückte zuletzt, beständig vor sich hinsprechend, ihre Zufriedenheit mit dem Sachbefunde aus. Die Lampe gab gerade Licht genug, um alles in der Stube Befindliche erkennen zu können. Neben dem Fenster, dicht an die Ecke geschoben, stand ein Wandschapp mit Tassen und Tellern; der eichene Tisch war blank gescheuert; an der Alkoventür hing ein großer, mitten durchgeborstener Rundspiegel, von dem es zweifelhaft bleiben mochte, ob er um Eitelkeits oder Geschäfts willen an dieser Stelle hing. Denn er sah aus, als ob er beim Wahrsagen und Kartenschlagen notwendig eine Rolle spielen müsse. Im übrigen war eine gewisse weihnachtsfestliche Herrichtung, für die Hoppenmarieken selber am Tage vorher gesorgt zu haben schien, unverkennbar. Das Himmelbett hatte frische Vorhänge, die Dielen waren mit Tannenzweigen bestreut und an dem Deckenhaken hing ein Eberescherzweig, dessen Beeren, trotz vorgeschrittener Winterzeit, noch ihre schöne rote Farbe zeigten. Alles dies hätte fast einen gemütlichen Eindruck machen müssen, wenn nicht dreierlei gewesen wäre: erstens Hoppenmarieken in Person, dann ihre Vogelkäfige und drittens und letztens der Alkoven. Hoppenmarieken selbst kennen wir; aber von den beiden anderen noch ein Wort.

An allen vier Wänden hin, dicht unter der Decke, lief eine Reihe von Vogelgebauern. Wohl zwanzig an der Zahl. Nur wo Bett und Ofen standen, war die Reihe unterbrochen. Was eigentlich in den Bauern drinsteckte, war nicht klar zu erkennen gewesen, als Hoppenmarieken mit der Lampe daran hingeleuchtet hatte. Nur allerhand dunkle Vogelaugen hatten groß und schläfrig in das Licht gestarrt. Es mußte sich einem aufdrängen, das seien wohl die Augen, die bei Abwesenheit der Herrin hier Wache hielten.

Dieser seltsame Fries von Vogelbauern, in denen bloß schweigsames Volk zu Hause zu sein schien, war unheimlich genug, aber unheimlicher war der Alkoven. Schon der Rundspiegel, der an der Türe hing, bedeutete nichts Gutes. Drinnen war alles leer. Nur Kräuterbüschel zogen sich hier in ähnlicher Weise um die Wände herum, wie nebenan die Vogelkäfige. Es waren gute und schlechte Kräuter: Melisse, Schafgarbe, Wohlverleih, aber auch

Allermannsharnisch, Sumpfporst und Klosterwacholder. Dazwischen Bündel von Roggenhalmen, deren gesunde Körner längst ausgefallen waren, während das giftige blaue Mutterkorn noch an den Ähren haftete; der Geruch im ganzen war betäubend. Was einem schärferen Beobachter vielleicht mehr als alles andere aufgefallen wäre, war, daß sämtliches Kräuterwerk, statt an einfachen Nägeln, an dicken Holzpflöcken hing, deren mehrere Zoll betragender Durchmesser in gar keinem Verhältnis zu der winzigen, von ihnen zu tragenden Last stand.

Hoppenmarieken, die es sich mittlerweile bequem gemacht und die hohen Wasserstiefel mit ein Paar aus Filztuch genähten Schuhen vertauscht hatte, holte jetzt die Kiepe vom Flur herein und schien, ihrem ganzen Hantieren nach, gewillt, einen Schmaus für sich selber vorzubereiten. Sie wühlte behaglich in ihrer Kiepe, bis sie die Gegenstände, die sie suchte, gefunden hatte. Was zuerst aus der Tiefe heraufstieg, war eine blaue Spitztüte, dann kamen zwei Eier, die sie prüfend gegen das Licht hielt, zuletzt ein altes bedrucktes Sacktuch, in das aber etwas Wichtigeres eingeschlagen war. Wenigstens hielt sie das Paket mit beiden Händen ans Ohr und schüttelte. Der Ton, den es gab, beruhigte sie. Sie legte nun alles auf den Tisch, eines neben das andere, und holte vom Schapp her einen alten Fayencetopf mit abgebrochenem Henkel, dazu einen Quirl und einen Blechlöffel. Jetzt war alles beisammen. Sie tat aus der blauen Tüte einen Löffel Zucker in den Topf, schlug die beiden Eier hinein, wickelte aus dem Sacktuch eine Rumflasche heraus, liebäugelte mit ihr, goß ein und quirlte. Nur etwas fehlte noch: das siedende Wasser. Aber auch dafür war gesorgt. Sie trat in den Flur, kroch abermals in das Ofenloch und kam mit einem rußigen Teekessel zurück, dessen Inhalt zischend und sprudelnd in dem großen Fayencetopf verschwand.

Hiermit waren die Vorbereitungen als geschlossen anzusehen. Das eigentliche Fest konnte beginnen. Sie machte den Tisch wieder klar, baute sich einen großen, braunen Napfkuchen auf und sah, während sie den Kopf in beide Arme stützte, mit sinnlicher

Zufriedenheit auf das hergerichtete Mahl. Auch jetzt noch war sie beflissen, nichts zu übereilen. War es nun, daß sie in der Hinausschiebung des Genusses eine Steigerung sah, oder hatte sie so ihre eigenen Hoppenmariekeschen Vorstellungen davon, wie nun einmal ein erster Weihnachtstag gefeiert werden müsse, gleichviel, sie begnügte sich vorläufig damit, den aufsteigenden Dampf von der Seite her einzusaugen, und zog dabei den Tischkasten weit auf, in dem, durch eine Scheidewand getrennt, links das Gesangbuch, rechts die Karten lagen. Sie nahm das Gesangbuch, schlug das Christlied auf: »Vom Himmel hoch da komm' ich her«, las in rezitativischer Weise, die sie selber für Gesang halten mochte, die drei ersten, dann die letzte Strophe, klappte wieder zu und tat einen ersten tüchtigen Zug. Gleich darauf ging sie zu einem allerenergischsten Angriff auf den Napfkuchen über, der nun innerhalb zehn Minuten von der Tischfläche verschwunden war. Sie strich die Krümel in ihre linke Handfläche zusammen und schüttete alles sorgfältig in den Mund.

Jetzt, wo der Fayencetopf keinen Nebenbuhler mehr hatte, war sie erst in der Lage, ihm zu zeigen, was er ihr war. Sie legte streichelnd und patschelnd ihre Hände um ihn herum, untersuchte mit den Knöcheln alle Stellen, die einen kleinen Sprung hatten, bog sich über ihn und nippte, schlürfte und tat dann wieder volle Züge. Nachdem sie so den ganzen Kursus des Behagens durchschmarutzt hatte, zog sie den Schubkasten zum zweiten Male auf, nahm jetzt aber, statt des Gesangbuches, das Kartenspiel heraus. Es waren deutsche Karten: Schippen, Herzen, Eichel; sie lagen in Form einer Mulde fest aufeinander, was jedoch für Hoppenmariekens Hände keine Schwierigkeiten bot. Als sie wohl eine halbe Stunde lang aufgelegt, gemischt und wieder aufgelegt hatte, ohne daß die Karten kommen wollten, wie sie sollten, stieg ihr das Blut zu Kopf.

Der Schippenbube wich ihr nicht von der Seite. Das mißfiel ihr; sie wußte ganz genau, wer der Schippenbube war. Was? Da lag er wieder neben ihr. Sie stand unruhig auf, nahm die Lampe, leuchtete hinter den Ofen, sah zwei-, dreimal in den Alkoven hinein und setzte sich dann wieder. Aber die Beklemmung wollte nicht weichen. Sie schnürte deshalb das großgeblumte Kattunmieder auf, das sie trug, nestelte, zerrte, zupfte und fühlte nach einem Täschchen, das sie an einem Lederstreifen auf der Brust trug. Es war da. Sie nahm es ab, zählte seinen Inhalt und fand alles, wie es sein mußte.

Dies gab ihr ihre Ruhe wieder. Sie wollte es noch einmal versuchen und begann abermals die Karten zu legen. Diesmal traf es; der Schippenbube lag weit ab. Ein häßliches Lachen zog über ihr Gesicht; dann tat sie den letzten Zug, schob einen großen Holzriegel vor die Türe und löschte das Licht.

Als eine Stunde später der Mond ins Fenster schien, schien er auch auf das verwitterte Antlitz der Zwergin, das jetzt, wo sich das schwarze Kopftuch verschoben und die weißen Haarsträhnen bloßgelegt hatte, noch häßlicher war als zuvor. Der Mond zog vorüber; das Bild gefiel ihm nicht. Hoppenmarieken selbst aber träumte, daß Schippenbube sie am Halse gepackt habe und an dem Lederriemen zerre, um ihr die Tasche abzureißen. Sie rang mit ihm; der Angstschweiß trat ihr auf die Stirn; dabei aber rief sie: »Wart, ich sag's; Diebe, Diebe!«

Durch das öde Haus hin klangen diese Rufe. Die Vögel stiegen langsam von ihren Sprossen und starrten durch ihre Gitter auf das Bett, von wo die Rufe kamen.

Aus: *Vor dem Sturm.*

Grete Mindes Weihnachten

Eine Waise war sie, und sie sollt' es nur allzubald empfinden. Anfangs ging es, auch noch um die Christzeit, als aber Ostern herankam, wurd' es anders im Haus, denn es geschah, was nicht mehr erwartet war: Trud genas eines Knäbleins. Da war nun die Freude groß, und auch Grete freute sich. Doch nicht lange. Bald mußte sie wahrnehmen, daß das Neugeborene alles war und sie nichts; Regine kochte den Brei, und sie gab ihn. Daß sie selber ein Herz habe und ein Glück verlange, daran dachte niemand; sie war nur da um andrer Glückes willen. Und das verbitterte sie.

[…] Und wenn es dann hieß: »aber nun schlafe, Gret'«, dann wickelte sie sich freilich in ihre Decken und schwieg, aber nur, um sich in wachen Träumen eine Welt der Freiheit und des Glückes aufzubauen. Dabei sah sie sich am liebsten am Bug oder Steuer eines Schiffes stehen, und der Seewind ging, und es war Nachtzeit, und die Sterne funkelten. Und sie sah dann hinauf, und alles war groß und weit und frei. Und zuletzt überkam es sie wie Frieden inmitten aller Sehnsucht, ihr Trotz wurde Demut, und an Stelle des bösen Engels, der ihren Tag beherrscht hatte, saß nun ihr guter Engel an ihrem Bett. Und wenn sie dann andren Tags erwachte und hinuntersah auf den Garten und den Pfau auf seiner Stange kreischen hörte, dann fragte sie sich: »Bist du noch du selbst? Bist du noch unglücklich?« Und mitunter wußte sie's kaum. Aber freilich, auch andere Tage kamen, wo sie's wußte, nur allzu gut, und wo weder ihr guter noch ihr böser Engel, weder ihre Demut noch ihr Trotz sie vor einem immer bitterer und leidenschaftlicher aufgärenden Groll zu schützen wußte.

Ein solcher Tag, und der bittersten einer, war der Weihnachtstag, an dem auch diesmal ein Christbaum angezündet wurde. Aber nicht für Grete. Grete war ja groß, nein, nur für das Kleine, das denn auch nach den Lichtern haschte und vor allem nach dem Goldschaum, der reichlich in den Zweigen glitzerte. »'s ist

Gerdts Kind«, sagte Grete, der ihres Bruders Geiz und Habsucht immer ein Abscheu war; und sie wandte sich ihren eigenen Geschenken zu. Es waren ihrer nicht allzu viele: Lebkuchen und Äpfel und Nüsse samt einem dicken Spangen-Gesangbuch (trotzdem sie schon zwei dergleichen hatte), auf dessen Titelblatt in großen Buchstaben und von Truds eigener Hand geschrieben war: Sprüche Salomonis, Kap. 16, Vers 18.

Sie kannte den Vers nicht, wußte aber, daß er ihr nichts Gutes bedeuten könne, und sobald sichs gab, war sie treppauf, um in der großen Bibel nachzuschlagen. Und nun las sie: »Wer zugrunde gehen soll, der wird stolz, und stolzer Mut kommt vor dem Fall.«

Es schien nicht, daß sie verwirrt oder irgendwie betroffen war, sie strich nur, schnell entschlossen, die von Trud eingeschriebene Zeile mit einer dicken Feder durch, blätterte hastig in dem Alten Testamente weiter, als ob sie nach einer bekannten, aber ihrem Gedächtnis wieder halb entfallenen Stelle suche, und schrieb dann ihrerseits die Prophetenstelle darunter, die des alten Jakob Minde letzte Mahnung an Trud enthalten hatte: »Lasse die Waisen Gnade bei dir finden.« Und nun flog sie wieder treppab und legte das Buch an seinen alten Platz. Trud aber hatte wohl bemerkt, was um sie her vorgegangen, und als sie mit Gerdt allein im Zimmer war, sah sie nach und sagte, während sie sich verfärbte: »Sieh und lies!« Und er nahm nun selber das Buch und las und lachte vor sich hin, wie wenn er sich ihrer Niederlage freue. Denn seine hämische Natur kannte nichts Lieb'res als den Ärger andrer Leute, seine Frau nicht ausgenommen. Zwischen dieser aber und Greten unterblieb jedes Wort, und als der Fasching kam, den die Stadt diesmal ausnahmsweise prächtig mit Aufzügen und allerlei Mummenschanz feierte, schien der Zwischenfall vergessen. Und auch um Ostern, als sich alles zu dem herkömmlichen großen Kirchgang rüstete, hütete sich Trud wohl, nach dem Buche zu fragen. Wußte sie doch, daß es Gret' unter dem Weißzeug ihrer Truhe versteckt hatte. Denn sie mocht' es nicht sehen.

Aus: *Grete Minde*. Überschrift v. Hrsg.

Das Eleusische Fest

Es ereignete sich das in den Weihnachtstagen 30 auf 31, kurz vor Tisch. Ich selber war, wie gewöhnlich zu dieser Festzeit, in jenem eigentümlich gastrischen Zustande, wo sich der schon geschädigte Magen unbegreiflicherweise nach neuer Schädigung sehnt. Ein wohliger Duft von gebratener Gans zog durch das ganze Haus und gab meinen Gedanken eine dem Höheren durchaus abgewandte Richtung. Ich hatte mich, der wieder in Gedichtauswendiglernen bestehenden Ferienaufgabe gedenkend, auf den ersten Boden zurückgezogen und mir's hier, in einem Kinderschlitten mit Seegraskissen, leidlich bequem gemacht, dabei einen alten vielkragigen Mantel meines Vaters über die Knie gebreitet, denn es war bitterkalt und in der Sonne blinkten links neben mir ein paar Schneestreifen, die der Wind durch die Fensterritzen hineingepustet hatte. Fröstelnd und unzufrieden mit mir und meinem Schicksal, saß ich da, Schillers Gedichte vor mir, und lernte »das Eleusische Fest«. Unten klimperte wer auf dem Klavier. Als es endlich schwieg, hörte ich den von einem asthmatischen Pusten begleiteten Schritt meines Vaters auf der Treppe und nicht lange mehr, so stand er vor mir, übrigens zunächst weniger mit mir als mit den zwei Schneestreifen beschäftigt. Er schob denn auch, eh er sich zu mir wandte, den Schnee mit der Sohlenkante zusammen und sagte dann erst: »Ich begreife nicht, warum du hier sitzest.«

»Ich lerne.«

»Was?«

»Das Eleusische Fest.«

»Nun, das ist gut. Aber du siehst aus, als ob du keine rechte Freude daran hättest. Ohne Freude geht es nicht, ohne Freude geht nichts in der Welt. Von wem ist es denn?«

»Von Schiller.«

»Von Schiller. Nu, höre, dann bitt ich mir aus, daß du Ernst mit der Sache machst. Schiller ist der Erste. Wie lang is es denn?«

»Siebenundzwanzig Verse.«

»Hm. Aber wenn es von Schiller ist, ist es gleich, ob es lang oder kurz ist. Es muß runter.«

»Ach, Papa, die Länge, das is es ja nicht. Der Kampf mit dem Drachen ist noch länger und ich habe es in der letzten Stunde, die wir hatten, doch hergesagt.«

»Nun, was ist es dann?«

»Es ist so schwer. Ich versteh es nicht.«

»Unsinn. Das ist bloß Faulheit. Gewiß, es gibt Dichter, die man nicht verstehen kann. Aber Schiller! Gang nach dem Eisenhammer, Bürgschaft, Kraniche des Ibykus, da kann man mit. ›Und in Poseidons Fichtenhain, Tritt er mit frommem Schauder ein‹, – das kann jeder verstehn und war immer meine Lieblingsstelle. Natürlich muß man wissen, wer Poseidon ist.«

»Ja, das geht und Poseidon kenn ich. Und die, die du da nennst, die hab ich auch alle gelernt. Aber das Eleusische Fest, das kann ich nicht. Ich weiß nicht, was es heißt und weiß auch nicht, was es bedeutet und ich weiß auch nicht, gleich zu Anfang, welche Königin einzieht.«

»Das ist auch nicht nötig. Du wirst doch verstehn, daß eine Königin einzieht. Welche er meint, ist am Ende gleichgültig. Es ist ein Ausdruck für etwas Hohes.«

»Und in dem zweiten Verse heißt es dann: ›Und in des Gebirges Klüften barg der Troglodyte sich‹. Was ist ein Troglodyte?«

»Nun, das ist ein griechisches Wort und wird wohl Leute bezeichnen, die einen Kropf haben oder irgend so was. An solcher einzelnen Unklarheit kann das Ganze nicht scheitern. Also strenge dich an ...«

Er hätte mir wohl noch weitere Lehren gegeben, wenn nicht in diesem Augenblicke zu Tische gerufen wäre. »Nun komm nur. Es heißt zwar plenus venter ... aber du wirst schon darüber hinkommen.«

Ich kam nicht darüber hin und habe das Eleusische Fest nicht auswendig gelernt, weder damals noch später.

Aus: Meine Kinderjahre. Überschrift v. Hrsg.

Kleines Eis-Abenteuer

Zwei Jahre später, Anfang Januar 32, hatten wir wieder ein am Strom spielendes Ereignis. Aber diesmal war es keine Sturmflut, sondern ein kleines Eis-Abenteuer. Die Tage nach Weihnachten waren ungewöhnlich milde gewesen und das Eis, das schon Anfang Dezember das Haff überdeckt hatte, hatte sich wieder gelöst und trieb in großen Schollen, die übrigens den Bootverkehr nach der Insel Wollin hinüber nicht hinderten, flußabwärts dem Meere zu. Sylvester war wie herkömmlich gefeiert worden und für den zweiten Januar stand ein neues Vergnügen in Sicht, von dem ich mir ganz besonders viel versprach: mein Freund Wilhelm Krause, der schon als Schüler und Pensionär des bekannten Direktors v. Klöden die Gewerbeschule besuchte, mußte am 3. Januar wieder in Berlin sein und seitens seines Vaters, des Kommerzienrats, war mit einigen Freunden verabredet worden, dem liebenswürdigen Jungen, bis nach dem jenseitigen Ufer hinüber, von wo dann die Fahrpost ging, das Geleit zu geben. In einem sichren Eisboote wollte man, zwischen den Schollen hindurch, die Partie machen, alles in allem 8 Personen: erst zwei Bootsleute, dann der Kommerzienrat und sein Sohn, dann Konsul Thompson und Sohn und schließlich mein Vater und ich. Ich freute mich ganz ungeheuer darauf. Einmal weil es was Apartes war und nicht minder, weil eine glänzende Verpflegung in Aussicht stand. Es verlautete nämlich, daß drüben im Fährhause gefrühstückt und wir drei Jungens mit Eierpunsch und holländischen Waffeln regaliert werden sollten. Ich nahm mir vor, weil mir dies männlicher erschien, mich ausschließlich an den Eierpunsch zu halten, blieb aber später nicht auf der Höhe dieses Entschlusses. Um 9 sollte das Boot von »Krausens Klapp« abgehen. Wir waren auch alle pünktlich da, nur das Boot nicht, und als wir eine Weile gewartet, erfuhren wir, wovon uns übrigens der Augenschein bereits überzeugt hatte, daß der über Nacht eingetretene starke Frost die Schollen zum Stehen gebracht und die kleinen Wasserläufe dazwischen mit Eis überdeckt habe. Das hätte nun nichts auf sich gehabt, im Gegenteil, wenn nur die Eisdecke um einen Zoll dicker gewesen wäre; sie war aber sehr dünn und so standen wir vor der Erwägung, ob ein Überschreiten des Flusses überhaupt möglich sei. Der Kommerzienrat, dem daran lag, keine Schulversäumnis eintreten zu lassen, war entschieden für das kleine Wagnis und als die in langen Pelzjakken dastehenden Bootsleute dies erst sahen, meinten sie sofort auch ihrerseits »es werde schon gehen und wenn was passiere, so wäre es auch so schlimm nicht ... ein bißchen naßkalt ...« »Ja, Kinder«, sagte Thompson »wie denkt ihr euch das eigentlich? das heißt doch soviel wie reinfallen und da hat man seinen Schlag weg, man weiß nicht wie. Oder die Eisscholle schneidet einem den Kopf ab.«

»Ih, Herr Konsul, so schlimm wird es ja woll nich kommen.«

»Ja, so schlimm wird es ja woll nicht kommen, ... das klingt ganz gut, aber daraus kann ich mir keinen Trost nehmen. ›Oskar ...‹« und dabei nahm er seinen Jungen bei der Schulter »wir zwei bleiben hier; Onkel Krause ist ein Windhund, der kann es riskieren. Und du Bruder, wie steht es mit dir?«

Diese Schlußworte richteten sich an meinen Vater, der ohne weiteres erklärte, Thompson habe recht. In diesem Augenblick aber traf ihn ein so wehmütiger Blick aus meinen Augen, daß er ins Lachen kam und hinzusetzte: »Nun gut, wenn der Kommerzienrat dich mitnehmen will, meinetwegen ... ich bin der Schwerste von euch allen ... und von Verpflichtung kann keine Rede sein, eher das Gegenteil ...« Und bei diesem Entscheide bleib es.

Einer der Bootsleute, mit einem 8 oder 10 Fuß langen Brett auf der Schulter und einem Tau um den Leib, ging vorauf, an dem nachschleifenden Tauende aber hielt sich der Kommerzienrat mit der Linken, während er seinen Jungen an der andern Hand führte; gleich dahinter folgte der zweite Bootsmann, ähnlich ausgerüstet, aber statt des Taus mit einer Eispieke, dran ich mich hielt. So ging es los. Es war zauberhaft und wohl eigentlich nicht sehr gefährlich. Die beiden Bootsleute waren immer vorauf und erfüllten mich mit dem angenehmen Gefühl, »wenn die überfrorne Stelle den Bootsmann getragen hat, *dich* trägt sie gewiß.« Und das war richtig. Freilich kamen Stellen, wo der Strom so stark ging, daß nicht einmal Schülbereis das Wasser bedeckte, aber solche freie Strömung war immer nur zwischen zwei verhältnismäßig naheliegenden Eisschollen, so daß das Brett, das der Bootsmann trug, vollkommen ausreichte, einen Übergang von einer Scholle zur anderen zu schaffen. War er drüben, so reichte er mir die lange Piekenstange oder richtiger hielt die Stange so, daß sie mir als ein Geländer diente. Kurzum, ich empfand nur soviel von Gefahr, wie nötig war, um den ganzen Vorgang auf seine höchste Genußhöhe zu heben und als ich, nach dem Frühstück drüben, wieder glücklich zurück war, betrat ich das Bollwerk wie ein junger Sieger und schritt in gehobener Stimmung auf unser Haus zu, wo meine Mutter, die von einem sehr erregten Gespräch zu kommen schien, schon im Flur stand und mich erwartete. Sie küßte mich mit besonderer Zärtlichkeit, dabei immer vorwurfsvoll nach dem Vater hinübersehend und fragte mich, ob ich noch etwas wolle.

»Nein,« sagte ich »es gab Eierpunsch und Waffeln und ich wollte auch welche für die Geschwister mitbringen; aber mit einem Male gab es keine mehr.«

»Ich weiß schon. Du bist deines Vaters Sohn.«

»Da hat er ganz gut gewählt«, sagte mein Vater.

»Meinst du das wirklich, Louis?«

»Nicht so ganz. Es war nur eine façon de parler.«

»Wie immer.«

Aus: Meine Kinderjahre. Überschrift v. Hrsg.

Die Feuersbrunst

Hilde lebte sich ein, und es waren glückliche, helle Tage, so hell wie der Schnee, der draußen lag. Alle Morgen mußte Martin in die Schule, zweimal auch zu Sörgel, aber wenn er dann eine Stunde vor Essen wiederkam und seine Mappe mit der Schiefertafel in das Brotschapp gestellt hatte, so ging es mit der ihn schon erwartenden Hilde rasch in die Winterfreude hinaus, die jeden Tag eine andere wurde. Die größte aber war, als sie sich auf dem Hofe eine Schneehütte gebaut und die Höhle darin mit Stroh und Heu ausgepolstert hatten. Da saßen sie halbe Stunden lang, sprachen kein Wort und hielten sich nur bei den Händen. Und Martin sagte, sie seien verzaubert und säßen in ihrem Schloß, und der Riese draußen ließe niemand ein. Dieser Riese aber war ein Schneemann, dem Joost eine Perücke von Hobelspänen aufgesetzt und anfänglich ein Schwert in die Hand gegeben hatte, bis einige Tage später aus dem Schwert ein Besen und mit Hülfe dieses Tausches aus dem Riesen selbst ein Knecht Ruprecht geworden war. Das war um die Mitte Dezember. Als aber bald danach die letzte Woche vor dem Fest anbrach, da fingen auch die Heimlichkeiten an, und Martin war stundenlang fort, ohne daß Hilde gewußt hätte, wo. Und wenn sie dann fragte, so hörte sie nur, er sei bei Sörgel oder bei Melcher Harms oder bei dem alten Drechsler Eickmeier, der in der Weihnachtszeit außer seinen Pfeifen und seinem Schwamm auch noch Bilderbogen verkaufte. Mehr aber konnte niemand sagen, und erst am Heiligabende selbst mußte der Geheimnisvolltuende von seinem Geheimnis lassen, um sich ebenso der Zustimmung des Vaters wie der Hülfe Grissels zu versichern. Und diese letztere half denn auch wirklich und freute sich, daß es etwas Schönes werden würde, worüber ihr keinen Augenblick ein Zweifel kam. Und als es nun dunkelte und drüben von der Kirche her die kleine Glocke zu läuten anfing, da war alles fertig, und der Heidereiter selbst führte Hilden in seine Stube, drin unter dem Christbaum neben anderen Geschenken auch die ganze Stadt Bethlehem mit all ihren Hirten und Engeln aufgebaut worden war. Alles leuchtete hell, weil hinter dem geölten Papier eine ganze Zahl kleiner Lichter brannte; am hellsten aber leuchtete der Stern, der über dem Kripplein und dem Jesuskinde stand. Hilde konnte sich nicht satt sehen daran, und als endlich der Lichterglanz in der Stadt Bethlehem erloschen war, trat sie vor den Heidereiter hin, um ihm für alles, was ihr der Heilige Christ beschert hatte, zu danken.

»Und nun sage mir«, sagte dieser, »was hat dir am besten gefallen?«

Sie wies auf die Stadt.

»Dacht' ich's doch!« lachte Baltzer Bocholt, »die Stadt! Aber die Stadt ist nicht von mir, Hilde, die hat dir der Martin aufgebaut und hat seine Sparbüchse geplündert. Und der alte Melcher Harms hat ihm geholfen, und alles, was in Holz geschnitzt ist und auf vier Beinen steht, das ist von ihm. Ja, das versteht er. Aber der Martin hat doch das Beste getan, und wenn du wem danken willst, so weißt du jetzt, wohin damit.«

Und dabei wies er auf Martin, der scheu neben dem Ofen stand.

Hilden selbst aber war alle Scheu geschwunden, und sie lief auf Martin zu und gab ihm einen herzhaften Kuß, *so* herzhaft, daß der alte Heidereiter ins Lachen kam und immer wiederholte: »Das ist recht, Hilde, das ist recht. Ihr sollt euch lieb haben, so recht von Herzen, und wie Bruder und Schwester. Ja, so will ich's, das hab' ich gern.«

Und danach ging es zu Tisch, und alle ließen sich den Weihnachtskarpfen schmecken und waren guter Dinge, nur Hilde nicht, die noch immer in fieberhafter Erregung nach dem dunkelgewordenen Bethlehem hinübersah und endlich froh war, als sie gute Nacht sagen und in die Giebelstube hinaufsteigen konnte. Hier stellte sie, was ihr unten beschert worden war, auf das oberste Brett ihres Schrankes und sagte zu Grissel, während sie den Binsenstuhl an das Bett derselben heranrückte: »Nun erzähle.«

»Wovon, Kind?«

»Von der Jungfrau Maria.«

»Und von dem Jesuskindlein?«

»Ja. Von dem Kindlein auch. Aber am liebsten von der Jungfrau Maria. War es seine Mutter?«

»Ach, du Herr des Himmels!« entsetzte sich Grissel. »Hast du denn nie gelernt: ›Geboren von der Jungfrau Maria‹? Kind, Kind! Ach, und deine Mutter, die Muthe, hat sie dir denn nie das zweite Stück vorgesagt? Wie? Sage!«

»Sie hat mir immer nur ein Lied vorgesagt.«

»Und wovon?«

»Von einem jungen Grafen.«

»Und nichts von Gott und Christus? Und weißt auch nicht, was Weihnachten ist? Und bist am Ende gar nicht getauft? Und da läßt der Pastor dich umherlaufen, sagt nichts und fragt nichts, und der Böse geht um, und ist keiner, der ihm widerstände, der nicht den Glauben hat an Jesum Christum, unseren Herrn und Heiland. Ach, du mein armes Heidenkind! ... Aber nimm dir ein Tuch und wickele dich ein, denn es ist kalt, und dann höre zu, was ich dir sagen will.«

Und Grissel erzählte nun von Joseph und Maria und von Bethlehem, und wie das Christkind allda geboren sei.

»Von der Jungfrau Maria?«

»Ja, von *der*. Denn das Kind, das sie gebar, das war nicht des Josephs Kind, das war das Kind des Heiligen Geistes.«

Es war ersichtlich, daß Hilde nicht verstand und verlegen war. Aber sie wollte nicht weiter fragen und sagte nur: »Und wie kam es dann?«

»Ei, dann kam es so, wie du's heute gesehen hast und wie Martin und Joost es dir aufgebaut haben. Und meinetwegen auch der alte Melcher. Erst kam der Stern und stand über dem Hause still, und dann erschienen die Hirten, und zuletzt kamen die drei Könige von Morgenland und brachten Gold und Gaben und köstliche Gewänder, und alles war Licht und himmlische Musik, und der Himmel war offen, und die Engel Gottes stiegen auf und nieder. Und es war Freud' im Himmel und auf Erden, denn unser Heiland war geboren. Und dieser Geburtstag unseres Heilandes ist unser Weihnachtstag.«

Hildes Augen waren immer größer geworden, und sie sagte jetzt: »Ah, das ist schön und wird einem so weit! Erzähle mir immer mehr. Ich seh' es alles und höre die himmlische Musik, und dazwischen ist es wie Glockenläuten. Ernst und schwer. Und ist immer derselbe Ton ...«

Indem aber hatte sich Grissel aufgerichtet, hielt ihre Hand ans Ohr und sagte: »Hilde, Kind, was ist das? ... Immer *ein* Ton, freilich. Und immer derselbe ... Das ist die Feuerglocke ... Horch!«

Und sie war aus dem Bett gesprungen, warf ihren Friesrock über und sah hinaus. Aber im Dorfe war kein Feuerschein, und so lief sie nach der anderen Giebelstube hinüber, wo Martin schlief, und riß das Fenster auf. Und da sah sie die Glut, nicht unten im Tal, aber oben, und wenn nicht alles täuschte, so mußt' es auf Kunerts-Kamp sein, hart am Walde, denn die Rückseite von Ellernklipp stand angeglüht im Widerschein. Und sie flog treppab, um den Heidereiter zu wecken. Aber der stand schon auf der Diele, den Hirschfänger an der Koppel, und rief ihr zu: »Meinen Hut; rasch! Verdammte Wirtschaft! Wer hat den Hut vom Ständer genommen?« – »Er hängt ja; weiß Gott, Baltzer, Ihr habt wieder Euren Koller und kein Aug' im Kopf. Hier.« Und er riß ihr den Hut aus der Hand. In der Tür aber wandt' er sich noch einmal zurück und sagte scharf und bestimmt: »Und daß du mir das Haus hütest, Grissel. Ich befehl' es. Ein Feuer wie das ist kein Küchenfeuer. Und Hilde soll ins Bett. Und Martin auch.«

Damit war er die Treppenstufen hinunter und ging auf Diegels Mühle zu, von der er dann, als auf dem nächsten Wege, nach Ellernklipp hinauf wollte.

Mittlerweile war auch Hilde die Treppe herabgekommen und

stellte sich mit auf die zugige Diele, denn Vor- und Hintertür standen weit offen. Und nicht lange, so rollte von Emmerode her über den hartgetretenen Schnee die Dorfspritze heran. Allerhand junges Volk hatte sich vorgespannt, andere schoben, und Grissel, die bis auf die Vortreppe hinausgetreten war, fragte: wo es sei.

»Auf Kunerts-Kamp. Der Muthe Rochussen ihr Haus brennt.«

Und damit ging es weiter. Aber ehe noch die Spritze zwischen den Erlen verschwunden war, erklärte Hilde, die jedes Wort gehört hatte, daß sie gehen und das Feuer sehen wolle.

»Du darfst nicht.«

Aber sie bat weiter, und als Grissel unerbittlich blieb, sagte sie: »Gut, so geh' ich allein. Du wirst mich doch nicht halten wollen?« Und damit lief sie fort und kam erst zurück und beruhigte sich erst wieder, als ihr die bang und ängstlich nachstürzende Grissel ein Mal über das andere zugesichert hatte, sie nicht einsperren oder mit Gewalt festhalten, ihr vielmehr in allem zu Willen sein zu wollen. Und wirklich, sie hielt Wort; und als sie die vor Erregung immer noch zitternde Hilde wohl verwahrt und in ihre Weihnachtspelzkappe gesteckt hatte, gingen sie, rechts um das Haus biegend, einen mit lockerem Schnee gefüllten Graben hinauf, der unmittelbar neben dem Heckenzaun hin auf die Höhe zulief. Eine Zeitlang war es ihnen, als ob oben alles erloschen sei, denn sie sahen keinen Schein mehr. Aber kaum daß der anfänglich tiefe Graben etwas flacher gefroren war, so lag auch das Feuer vor ihnen, wie mit Händen zu greifen, und die Glutmasse wirbelte immer heftiger in die Höhe. Hilde stand wie gebannt. Endlich aber sagte sie: »Komm, wir wollen näher.«

Und damit hielten sie sich auf einen hohen Grenzstein zu, der zwischen Kunerts-Kamp und den Sieben Morgen lag und das verschneite Heidekraut weit überragte. Auf den stellten sie sich und sahen hinüber in die Flamme.

Die Spritze war schon da, trotzdem man sie stückweise hatte

herauftragen müssen, aber Wasser fehlte. Denn der Ziehbrunnen, der zu dem Hause gehörte, lag schon im Bereiche des Feuers, und niemand konnte mehr heran. Es schien aber doch, als ob Wasser von irgendwoher erwartet werde, denn eine lange Kette hatte sich bis Ellernklipp hin aufgestellt, und nur der Heidereiter achtete weit mehr auf das, was an der entgegengesetzten Seite vorging, weil er vor allem seinen Wald zu retten wünschte. Der lag freilich noch gute hundert Schritte zurück, aber gerade da, wo die Muthe gewohnt hatte, schob er eine lange Spitze vor, deren vorderstes Gezweig bereits bis über die Gartenzäunung hing. Es war klar, daß der Wald in äußerster Gefahr schwebte, wenn es nicht gelang, einen breiten Zwischenraum zu schaffen, und Baltzer Bocholt, der wohl erkannte, daß er um des Ganzen willen einen Einsatz nicht scheuen dürfe, wies jetzt, als er seine Holzschläger und Schindelspeller um sich versammelt sah, auf die Stelle hin, wo seiner Meinung nach der Schnitt gemacht und die vorspringende Spitze von dem eigentlichen Gebreite des Waldes abgetrennt werden mußte. »Vorwärts!« Und nicht lange, so hörte man den Schlag der Axt und das Krachen und Stürzen der Bäume, die, wenn kaum erst halb angeschlagen, an langen Stricken niedergerissen wurden. Und eine kleine Weile noch, so gab es auch Wasser oder doch die Gelegenheit dazu, denn aus dem Tale herauf, von Diegels Mühle her, erschien eben jetzt eine Schlittenschleife, die mit Schaufeln und Spaten, mit Eimern und Kesseln und überhaupt mit allem bepackt worden war, dessen man unten in der Eile hatte habhaft werden können; und während einige der Leute sofort sich anschickten, mit Stangen und Feuerhaken ein paar brennende Balken aus der Feuermasse herauszureißen, schleppten andere die Kessel, große und kleine, vom Schlitten her in die Glut und schippten den umherliegenden Schnee hinein. Und wieder andere waren, die hockten um die Kessel her und trugen den Schnee, wenn er geschmolzen, in Butten und Eimern an die nebenstehende Spritze, deren erster Strahl eben jetzt in die Glutmasse niederfiel. Aber der Heidereiter, unschwer erkennend, daß an der Muthe Haus wenig gelegen und noch weniger zu retten war, schrie mit lauter Stimme dazwischen: »Unsinn! hierher!« Und gehorsam seinem Kommando, packten alle, die zur Hand waren, nach der Spritzendeichsel und jagten über die verschneiten Baumstubben fort, bis sie dicht an der Waldecke hielten, an eben jener bedrohtesten Stelle, wo der angeglühte Schnee bereits von den Zweigen zu tropfen anfing.

Und Hilde starrte wie benommen in das mit jedem Augenblicke sich neugestaltende Bild, das, alles sonstigen Wechsels ungeachtet, in drei fest und unverändert bleibenden Farbenstufen vor ihr lag: am weitesten zurück die schwarze Schattenmasse des Waldes, *vor* dem Walde das Feuer und *vor* dem Feuer der Schnee.

Über dem Ganzen aber der Sternenhimmel.

Und sie sah hinauf, und die Engel stiegen auf und nieder. Und es war wieder ein Singen und Klingen, und die Wirklichkeit der Dinge schwand ihr hin in Bild und Traum.

Und so stand sie noch, als sie drüben ein Rufen und Schreien hörte, vor dem ihr Traum zerrann, und als sie wieder hinblickte, sah sie, daß das brennende Haus in ein Wanken und Schwanken kam und im nächsten Augenblicke jäh zusammenstürzte.

Die Funken flogen himmelan und verloren sich in den Sternen.

Eine Minute lang folgte sie noch wie geblendet dem Schauspiel, während sie zugleich das in die Höhe gerichtete Auge mit ihrer Hand zu schützen suchte. Dann aber ließ sie die Hand wieder fallen und sagte: »Komm, Grissel, mich friert. Und es ist nun alles vorbei.«

Aus: *Ellernklipp.* Überschrift v. Hrsg.

Der Berg des Lichts

Und Hilde war nun vierzehn, und am Palmsonntage sollte sie mit Martin und den anderen Konfirmanden eingesegnet werden.

Es waren noch sechs Wochen bis dahin, und als wieder eine Biblische Geschichts-Stunde war, sagte Sörgel: »Ihr seid nun fest im Alten Testament, und die Hilde weiß es vorwärts und rückwärts. Aber den Alten Bund, den hatten die Juden auch, und ist nun Zeit, Kinder, daß wir uns um Jesum Christum, unseren Herrn und Heiland, kümmern. Sage mir, Hilde, was du von ihm weißt?«

Hilde richtete sich auf und säumte nicht, von Bethlehem und Christi Geburt eine gute Beschreibung zu machen; und als er fragte, wo sie das herhabe, berichtete sie von der ersten Weihnachtsbescherung in ihres Pflegevaters Haus und von der Krippe, die Martin aufgebaut, und zuletzt auch von dem Aufschluß, den ihr Grissel gegeben habe.

»Das ist gut. Und ich sehe wohl, die Grissel ist eine kluge Person und ein rechtes Küsters- und Schulmeisterskind, dem es von Jugend auf alles in succum et sanguinem gegangen ist, das heißt: in Fleisch und Blut. Und darauf kommt es an. Denn seht, Kinder, das Christentum will erfahren sein, das ist die Hauptsache; aber es muß freilich auch *gelernt* werden, dann hat man's, wenn man's braucht. Etwas Schule brauchen wir alle. Nicht wahr, Hilde?«

Hilde schwieg aus Respekt, und der Alte fuhr fort: »Es muß auch gelernt werden, sag' ich. Und so lernet mir denn die drei Stücke, darin steckt alles. In den drei Stücken und in den zehn Geboten. *Die* gehören mit dazu, sonst wird uns in unserem Glauben zu wohl, und wir vergessen um des Jenseits willen, was wir dem Diesseits schuldig sind. Also die drei Hauptstücke.

Heut ist Dienstag, und nächsten Dienstag frag' ich euch danach. Da habt ihr eine volle Woche Zeit. Und nun geht und gehabt euch wohl, und Gott und ein gutes Gedächtnis seien mit euch.«

Und nun war wieder Dienstag, und beide Katechumenen saßen wieder auf der kleinen Bank in der stillen Stube Martin sah tapfer und sicher aus, aber Hilde schlug verlegen die Augen nieder.

»Also die drei Hauptstücke«, hob Sörgel an. »Nun laß hören, Hilde. Rasch und fest. Aber nicht *zu* rasch.«

»Ich glaube an Gott den Vater, allmächtigen Schöpfer Himmels und der Erden.«

»Gut. Also du glaubst an Gott den Vater, allmächtigen Schöpfer Himmels und der Erden. Und nun gib mir auch unseres Dr. Luthers Erklärung und sage mir: Was ist das?«

»Ich glaube, daß mich Gott geschaffen hat ...« Hier stockte sie und war wie mit Blut übergossen. Endlich aber sagte sie: »Weiter weiß ich es nicht.«

»Ei, ei, Hilde ... Hast du denn nicht gelernt?«

»Ich habe gelernt ... Aber ich kann es nicht lernen ...«

»Und du wußtest doch das Erste.«

»Ja, das Erste kann ich und das Zweite kann ich beinah. Aber das Dritte kann ich *nicht*. Und ›Was ist das?‹ das kann ich *gar* nicht.«

Sörgel, der sonst immer einen Scherz hatte, sagte nichts und ging in seinen Sammetstiefeln auf und ab. Endlich blieb er vor Martin stehen, schlug ihn mit der Hand leise unters Kinn und sagte: »Martin, *du* kannst es. Nicht wahr?«

»Ja, Herr Prediger.«

»Ich dacht' es mir«, antwortete Sörgel, und ein leiser Spott umspielte seine Züge. Dann aber ging er auf den Tisch zu, wo die Bibel lag, und blätterte darin, alles nur, um seiner Erregung Herr zu werden, und sagte dann, indem er sich wieder an Hilde wandte: »Höre, Hilde, der Tag deiner Einsegnung ist nun vor der Tür, und wenn ich dich in die christliche Gemeinschaft einführen soll, so mußt du christlich sein. Ich will dich aber nicht mit dem Worte quälen, der Geist macht lebendig, und so sage mir denn auf *deine* Weise, was ist ein Christ?«

»Ein Christ ist, wer an Christum glaubt. Das heißt an Christum als an den eingeborenen Sohn Gottes, der uns durch einen schuldlosen Tod aus *unserer* Schuld erlöset hat. Und darum heißt er der Erlöser. Und wer an den Erlöser und seinen Erlösertod glaubt, der kommt in den Himmel, und wer nicht an ihn glaubt, der kommt in die Hölle.«

Der Alte lächelte bei dem Schlußworte dieses Bekenntnisses und sagte: »Brav! Und ich will den wilden Schößling an deinem jungen Glaubensbaume nicht wegschneiden. Aber muß es denn eine Hölle geben? Meinst du, Hilde?«

»Ja, Herr Pastor.«

»Und warum?«

»Weil es gut und böse gibt, und schwarz und weiß, und Tag und Nacht.«

»Und von wem hast du das?«

»Von Melcher Harms.«

»Ah, von *dem*!« antwortet der Alte. »Ja, der tut es nicht anders. Und wir wollen es dabei lassen, wenigstens heute noch. Sind wir erst älter, so findet sich's, und wir reden noch darüber … Und für heute nur noch das: Martin soll den Glauben sprechen, und du sollst ihn *nicht* sprechen. Aber ich denke, du *hast* ihn, hast ihn in deinem kleinen Herzen, und ich wollt', es hätt' ihn jeder so.«

Und er streichelte sie liebevoll, als er so sprach, und setzte mit ernster Betonung hinzu: »Du hast die Zehn Gebote, Hilde. *Die* halte. Denn die haben *alles*: den ewigen Gott und den Feiertag, und du sollst Vater und Mutter ehren, und haben das *Gesetz*, das uns hält und ohne das wir schlimmer und ärmer sind als die ärmste Kreatur. Ja, Kinder, wir haben viel hohe Bergesgipfel; aber der, auf dem Moses stand, das ist der höchste. Der reichte bis in den Himmel … Und nun sagt mir zum Schluß, was heißt Sinai?«

»Der Berg des Lichts«, fuhren beide heraus.

»Gut. Und nun geht nach Haus und seid brav und liebet euch.«

Aus: *Ellernklipp*. Überschrift v. Hrsg.

Gekommen ist der Heil'ge Christ
(An Emilie 1859)

Gekommen ist der Heil'ge Christ
Die ganze Stadt voll Lichter ist;
Auch unsre sollen brennen.
Die Sorgen weg und zünde an,
Ich will derweil, so gut ich kann,
Dir meine Wünsche nennen.

Empfang zuerst ein Strumpfenband,
Das ich für dreißig Pfengk erstand
Bei Fonrobert im Laden.
Ich wünsche dir, geliebtes Weib,
Bald wieder einen dünnern Leib
Und etwas dick're Waden.

Empfang alsdann ein Kontobuch,
Fürs Credit ist es groß genug,
Fürs Debet etwas kleine.
Indes, es heißt ja: »rund die Welt«,
Der Beutel wird mal wieder Geld
Und hilft uns auf die Beine.

Und drum zuletzt den heißen Wunsch,
Daß unsres Schicksals dicker Flunsch
Bald hübsch'ren Zügen weiche,
Und daß ein bißchen Sonnenschein
Zieh wieder endlich bei uns ein
Und unser Herz beschleiche.

An Emilie Fontane (Mutter)

Berlin d. 31. Dzeb. 60.

Meine liebe, gute Mama.

Eben habe ich den Vers durchgelesen womit Emilie ihren Brief geschlossen hat und fühle in Folge davon eine so entschiedene Lähmung meiner Kräfte, daß ich nicht weiß was aus diesen Zeilen werden soll. Vielleicht komm ich drüber weg, namentlich wenn ich bedenke, daß der Sack mit Pfeffernüssen (für den ich allerschönstens danke) neben mir liegt.

Die Festlichkeit gestern war eigentlich eine völlig verfehlte Affaire, da sich alles in 2 Heerlager geteilt hatte, in Grippe-habende die weggeblieben waren und in Grippe-kriegende, die bitterlich froren und eigentlich nur einmal den Ausdruck natürlicher Heiterkeit annahmen – als die große Kutsche vorfuhr, die sie abholte; sie wohnen nämlich alle auf einem Klump in der Links- und Schellingsstraße und hatten sich deshalb zu einer gemeinschaftlichen Chaise aufgeschwungen. Auch mir schmeckt alles heute erst. In der Regel sind unsre Gäste sehr heiter und animirt bei uns, trotzdem stimmen Emilie und ich darin überein, daß es angenehmer ist Gast als Wirth sein. Namentlich auch billiger.

Die Kälte ist seit gestern geradezu unanständig und neben dem Wunsche, beim Einzug in Peking zugegen gewesen zu sein, erfüllt mich jetzt überwiegend die Sehnsucht nach Cairo, Nil, Pyramiden und – 30 Grad Wärme. Aber statt der Pyramiden, um doch auch mal einen geistreichen Anlauf zu nehmen, hat man nur die Sphinx vor sich, die Räthselsphinx des neuen Jahres.

Da wären wir denn beim neuen Jahre glücklich angelangt und den herzlichsten Glückwünschen für dasselbe, stellt sich weiter nichts in den Weg. Erhalte Dich Gott Deinen Kindern und Deine Kinder Dir, erlebe außerdem so viel Freude an ihnen wie man an Menschen erleben kann, was nicht allzuviel ist, denn die Menschen taugen nichts und auch die Besten sind Package. Eine Ausnahme macht meine Frau, die darauf dringt, daß ich das eigens hervorhebe. Ich thu es mit Vergnügen. Uebrigens ist sie, unberufen und unbeschrien, recht gut. Gott mache sie nicht schlimmer. Mit diesem Wunsche und unter Wiederholung der herzlichsten Wünsche für Dein und Schwester Lischens Wohl, wie immer Dein

Theodor.

An Lischen.

Habe ein heitres, fröhliches Herz
Januar, Februar und März,
Sei immer mit dabei
In April und Mai,
Kreische vor Lust
In Juni, Juli und August
Habe Verehrer, Freunde und Lober
In September und Oktober
Und bleibe meine gute Schwester
Bis zum Dezember und nächstem Sylvester.

Die Bücher schick' ich nun wirklich in den nächsten Tagen; ich habe sie so gelegt, daß sie vor mir liegen und mich durch ihren Anblick mahnen. Th. F.

Verlobung unterm Christbaum

Das geplante Bettgespräch hatte stattgefunden und war unter Vermeidung aller Umschweife mit dem Satze begonnen worden: »Mutter, weißt du was?«

»Nu was denn, Thilde?«

»Ich habe mich mit ihm verlobt.«

Die Alte richtete sich auf wie ein Gespenst, sah Thilden an und sagte dann: »O Gott, was soll nu aus mir werden?«

»Gar nichts, Mutter. Du bleibst, was du bist, und ein Esser ist weniger. Und wenn du was brauchst, dann schick ich es dir.«

»Ja, kann er denn? Hat er denn was?«

»Noch nich, Mutter. Aber wenn ich ihn bloß erst habe, das heißt richtig verlobt vor Gott und Menschen, da wird es schon werden. Er sieht ja doch aus wie auf der Kanzel, und so einer kommt immer an. Ich werd ihn schon anbringen.«

»Und wirklich verlobt? Und nich bloß so gesagt? und nachher sitzt du da, wie so ganz, ganz arme und unglückliche Mädchen dasitzen ...«

»Ich weiß nicht, was das immer soll, Mutter. Vater hat gesagt: ›Thilde, halte dich propper.‹ Und hab ich nich? Und nu kommst du immer mit solchen Geschichten, so hintenrum, daß man nicht recht sagen kann, was du meinst. Aber ich weiß es schon. Und ich sage dir, ich bin nich so dumm. Er wollte mir einen Kuß geben und war so stürmisch, weil er noch krank ist. Aber ich habe ihn in seine Schranken zurückgewiesen.«

»Das ist recht, Thildechen. Und wann denkst du denn, daß es ins Blatt kommt? Oder soll es ganz still und verborgen sein? Es ist doch immer besser, andre wissen es auch; dann geniert er sich mehr, wenn er sich vielleicht anders besinnt.«

»Ach, anders besinnt. Er darf sich nicht anders besinnen, und er wird auch nicht, und er will auch nicht. Er wird nu morgen früh bei dir anfragen, und da mußt du was Gutes sagen und nich so klein und ängstlich. Und er muß sehn, daß wir nicht auf ihn gewartet haben.«

»Ja, da hast du recht; aber was soll ich sagen? Du mußt mir was zurechtmachen, was paßt.«

»Das geht nicht, Mutter. Dann verschnappst du dich und sagst es an der unrechten Stelle.«

»Ja, das is möglich. Na, denn werd ich bloß sagen: ›Gott sei mit euch.‹«

»Das ist gut. Aber du darfst ihn nich gleich ›du‹ nennen. ›Du‹ kommt erst, wenn es dringestanden hat und wir richtige Verlobung gefeiert haben. Ich denke so Heiligabend. Unterm Christbaum, das hab ich mir immer gewünscht. Das hat dann so seinen Schick und auch so 'n bißchen wie kirchliche Handlung. Und is schon so 'n Vorschmack. Das heißt, ich meine von der Trauung. Denn bei dir muß man sich immer vorsichtig ausdrücken. Du denkst gleich ...«

[...]

Der Vierundzwanzigste kam und ging, die Verlobung war proklamiert worden, und die sechs Menschen, aus denen die ganze Gesellschaft bestand, waren ausnahmslos sehr vergnügt gewesen. Eine halbe Stunde lang sogar Schultze, der auf Thildens Aufforderung in einer gewissen Paschalaune, sein Volk beglückend, in der kleinen Möhringschen Wohnung erschienen war, zurückhaltend in bezug auf alles, was an Speis und Trank aufgetragen war, aber desto intimer mit Rybinskis Braut. Rybinski selbst lachte, versicherte dann und wann, daß er sich mit dem Rechnungsrat über das Schnupftuch schießen müsse, weil ihm ein solcher Eingriff in geheiligte Rechte noch gar nicht vorgekommen sei, und versprach schließlich, beim Rat und der Rätin eine Visite zu machen, spätestens zu Neujahr, aber ohne Braut. »Man kann doch nicht wissen, wie sich die Rätin stellt«, flüsterte er seinem neuen Freund Schultze zu. Und Schultze zwinkerte.

Den Toast auf das Brautpaar brachte der Vetter Architekt aus. Man werde nicht überrascht sein, wenn er seinerseits, als ein Mann des Baus, auch die Ehe, als deren Vorkammer die Verlobung anzusehen sei, wenn er auch die Ehe als einen Bau ansehe. »Das Fundament, meine Herrschaften, ist die Liebe; daß wir diese hier haben, ist erwiesen, und der Mörtel, der bis in alle Ewigkeit den Bau zusammenhält, das ist die Treue.«

Schultze nickte; Rybinski rief »Bravo« und drohte seiner neben Schultze stehenden Braut mit dem Finger, indem er mit dem Zeigefinger eine Stechbewegung machte, als müsse Schultze auf dem Platze bleiben. Der Vetter Architekt aber fuhr fort:

»Der Mörtel, sage ich. Aber auch der bestgefügteste Bau, bei den Erschütterungen, die das Leben mit sich führt, bedarf noch der Klammern und Stützen, und diese Klammern und Stützen, das sind die Freunde, das sind wir. Auch Schmuck hat ein gutes Haus, und in seine Nischen sehen wir gern allerhand liebe kleine Gestalten gestellt, putti sagen die Italiener, Putten sagen wir selbst. Ich weiß, ich greife vor, aber in dieser heitren Stunde wird auch ein heitrer Blick in die Zukunft gestattet sein. Es lebe das Brautpaar, es lebe die Zukunft, es leben die Putten.«

Rybinski umarmte den Redner und sprach etwas von dem geheimnisvollen Reiz der gefälligen oratorischen Begabung, die sei wie ein Quickborn: ein Schlag mit dem Pegasushuf, und die Quelle springe. »Gesegnet die, die diesen Huf haben.«

[…]

Mutter und Tochter saßen noch lang in ihrem Bette auf. Es gab viel zu sprechen. Für die Alte war Schultze die Hauptperson, er habe doch feiner gewirkt als die andern und man hätte doch merken können: *der* hat's. »Es gibt einem doch so 'n Gefühl, und das hat er.«

»Ach, Mutter, du verstehst ja so was nich. Schultze war der einzige, der in die Gesellschaft nicht paßte. Von uns will ich nich reden. Aber die andern. Ja, das waren ja lauter feine Herren, alle studiert und Kunst dazu; der Vetter auch, wer so was baut, das ist auch 'ne Kunst. Und nur von Vorkammer hätt er nich sprechen sollen und von Putten erst recht nicht. Aber daran siehst du's gerade; feine Leute, die sind so und die behandeln all so was spielrig und lassen immer, wie Doktor Stubbe sagte, den rechten

Ernst vermissen. Aber es kommt doch immer so was raus, was nich jeder sagen kann. Und nu Schultze. Ja, du mein Gott, wenn er nicht das sonderbare Zeug zu Rybinskis Braut gesagt hätte, so hätt er so gut wie gar nichts gesagt. Und dann is es auch nicht fein, daß er gar nichts nahm, und is bloß Tuerei, sehr viel Gutes kriegt er unten auch nich. Aber du hast seine großen Manschettenknöpfe immer angesehn, [und] weil er die zwei Steine vorn im Chemisette hatte und weil er Wirt ist, so denkst du, es war was Feines. Ich hab ihn auch nur raufgeholt, weil du doch nu mit ihm durchkommen mußt, wenn ich mal weggehe.«

»Na, wann denkst du denn?«

»Ich denke mir, so zu Johanni.«

»Hast du denn schon was?«

»Nein, noch nich, Mutter. Aber ich werd es nu in die Hand nehmen. Morgen und übermorgen sind Feiertage, da kommt keine Zeitung, aber den dritten Feiertag abends, da steht es drin. Und Verlobung haben wir nu gehabt, und nu is es an mir, nu werd ich es in die Hand nehmen.«

[...]

Thilde war am andern Morgen in einer gehobnen Stimmung. Sie war nun Braut, und das andre mußte sich von selber geben. Solange sie bloß Fräulein Thilde war, die den Tee zu bringen und eine Bestellung auszurichten hatte, da lag die Sache noch schwierig genug, jetzt aber hatte sie das Recht, zu sprechen und zu handeln. Das mit den Theaterstücken war ein Unsinn und mit dem ewigen Lesen auch, und Rybinski und seine Braut – die ihr übrigens, trotzdem sie klarsah in allem, sehr gut gefallen hatte – mußten über kurz oder lang beseitigt werden. Rybinski war eine Gefahr, noch dazu eine komplizierte. Zunächst aber konnte von einem Vorgehn keine Rede sein, weil sie deutlich einsah, daß sie zur Erreichung ihrer Zwecke der Fortdauer guter Beziehungen zu Rybinski durchaus bedurfte. Wenn ihr feststand, wie sie Hugo zu trainieren habe, so stand ihr auch ebenso fest, daß sie so was wie Zuckerbrot beständig in Reserve haben müsse, um Hugo bei Lust und Liebe zu erhalten, und dazu war Rybinski wie geschaffen. Überhaupt nur nichts Gewaltsames, nur nichts übereilen. Alles mit Erholungspausen.

Ihrem natürlichen Gefühle nach hätte sie den ersten Feiertag nicht vorübergehn lassen, ohne mit ihrem Bräutigam über ihre Zukunft zu sprechen und ein bestimmtes Programm aufzustellen, aber in ihrer Klugheit empfand sie, daß etwas Nüchternes und Prosaisches darin liegen würde, den Tag nach der Verlobung, der noch dazu der erste Weihnachtsfeiertag war, zu Behandlung solcher Fragen heranziehen zu wollen, und so bezwang sie sich und nahm sich vor, ihm eine Woche Weihnachtsferien zu bewilligen und ihn zu kleinen Vergnügungen anzuregen. Er sollte sehn, wie gut er's auch im Behaglichen getroffen habe und daß Thilde durchaus verstehe, sich seinen Wünschen anzupassen. Am Ende dieser Ferienwoche wollte sie dann mit der Prosa herausrücken, unter Hinweis darauf, daß ohne Durchführung ihres Programms von Glück und Zufriedenheit und überhaupt von einem Zustandekommen ihrer Ehe gar keine Rede sein könne.

Aus: *Mathilde Möhring.* Überschrift v. Hrsg.

Geständnis an Heiligabend

Die nächsten Tage, die viel Besuch brachten, stellten den un-
befangenen Ton früherer Wochen anscheinend wieder her, und
was von Befangenheit blieb, wurde, die Freundin abgerechnet,
von niemandem bemerkt, am wenigsten von van der Straaten,
der mehr denn je seinen kleinen und großen Eitelkeiten nach-
hing.

Und so näherte sich der Herbst, und der Park wurde schöner,
je mehr sich seine Blätter färbten, bis gegen Ende September der
Zeitpunkt wieder da war, der, nach altem Herkommen, dem
Aufenthalt in der Villa draußen ein Ende machte.

Schon in den unmittelbar voraufgehenden Tagen war Rubehn
nicht mehr erschienen, weil allernächstliegende Pflichten ihn
an die Stadt gefesselt hatten. Ein jüngerer Bruder von ihm, von
einem alten Prokuristen des Hauses begleitet, war zu rascher
Etablierung des Zweiggeschäfts herübergekommen, und ihren
gemeinschaftlichen Anstrengungen gelang es denn auch wirklich, in den ersten Oktobertagen eine Filiale des großen Frankfurter Bankhauses ins Leben zu rufen.

Van der Straaten nahm an all diesen Hergängen den größten
Anteil und sah es als ein gutes Zeichen und eine Gewähr ge-
schäftskundiger Leitung an, daß Rubehns Besuche seltener wurden und in den Novemberwochen beinahe ganz aufhörten. In
der Tat erschien unser neuer »Filialchef«, wie der Kommerzienrat ihn zu nennen beliebte, nur noch an den kleinen und kleinsten Gesellschaftstagen und hätte wohl auch an diesen am liebsten gefehlt. Denn es konnt' ihm nicht entgehen und entging
ihm auch wirklich nicht, daß ihm von Reiff und Duquede, ganz
besonders aber von Gryczinski, mit einer vornehm ablehnenden
Kühle begegnet wurde. Die schöne Jacobine suchte freilich
durch halbverstohlene Freundlichkeiten alles wieder ins gleiche
zu bringen und beschwor ihn, ihres Schwagers Haus doch nicht

ganz zu vernachlässigen, um ihretwillen nicht und um Melanies willen nicht, aber jedesmal, wenn sie den Namen nannte, schlug sie doch verlegen die Augen nieder und brach rasch und ängstlich ab, weil ihr Gryczinski sehr bestimmte Weisungen gegeben hatte, jedwedes Gespräch mit Rubehn entweder ganz zu vermeiden oder doch auf wenige Worte zu beschränken.

Um vieles heiterer gestalteten sich die kleinen Reunions, wenn die Gryczinskis fehlten und statt ihrer bloß die beiden Maler und Fräulein Anastasia zugegen waren. Dann wurde wieder gescherzt und gelacht, wie damals in dem Stralauer Kaffeehaus, und van der Straaten, der mittlerweile von Besuchen, sogar von häufigen Besuchen gehört hatte, die Rubehn in Anastasias Wohnung gemacht haben solle, hing in Ausnutzung dieser ihm hinterbrachten Tatsache seiner alten Neigung nach, alle dabei Beteiligten ins Komische zu ziehen und zum Gegenstande seiner Schraubereien zu machen. Er sähe nicht ein, wenigstens für seine Person nicht, warum er sich eines reinen und auf musikalischer Glaubenseinigkeit aufgebauten Verhältnisses nicht aufrichtig freuen solle, ja, die Freude darüber würd' ihm einfach als Pflicht erscheinen, wenn er nicht andererseits den alten Satz wieder bewahrheitet fände, daß jedes neue Recht immer nur unter Kränkung alter Rechte geboren werden könne. Das neue Recht (wie der Fall hier läge) sei durch seinen Freund Rubehn, das alte Recht durch seinen Freund Elimar vertreten, und wenn er diesem letzteren auch gerne zugestehe, daß er in vielen Stükken er selbst geblieben, ja bei Tische sogar als eine Potenzierung seiner selbst zu erachten sei, so läge doch gerade hierin die nicht wegzuleugnende Gefahr. Denn er wisse wohl, daß dieses Plus an Verzehrung einen furchtbaren Gleichschritt mit Elimars innerem verzehrenden Feuer halte. Wes Namens aber dieses Feuer sei, ob Liebe, Haß oder Eifersucht, das wisse nur *der*, der in den Abgrund sieht.

In dieser Weise zischten und platzten die reichlich umhergeworfenen van der Straatenschen Schwärmer, von deren Sprühfunken sonderbarerweise diejenigen am wenigsten berührt wurden, auf die sie berechnet waren. Es lag eben alles anders, als der kommerzienrätliche Feuerwerker annahm. Elimar, der sich auf der Stralauer Partie, weit über Wunsch und Willen hinaus, engagiert hatte, hatte durch Rubehns anscheinende Rivalität eine Freiheit wiedergewonnen, an der ihm viel, viel mehr als an Anastasias Liebe gelegen war, und diese selbst wiederum vergaß ihr eigenes, offenbar im Niedergange begriffenes Glück in dem Wonnegefühl, ein anderes hochinteressantes Verhältnis unter ihren Augen und ihrem Schutze heranwachsen zu sehen. Sie schwelgte mit jedem Tage mehr in der Rolle der Konfidenten, und weit über das gewöhnliche Maß hinaus mit dem alten Evahange nach dem Heimlichen und Verbotenen ausgerüstet, zählte sie diese Winterwochen nicht nur zu den angeregtesten ihres an Anregungen so reichen Lebens, sondern erfreute sich nebenher auch noch des unbeschreiblichen Vergnügens, den ihr au fond unbequemen und widerstrebenden van der Straaten gerade *dann* am herzlichsten belachen zu können, wenn dieser sich in seiner Sultanslaune gemüßigt fühlte, *sie* zum Gegenstand allgemeiner und natürlich auch seiner eigenen Lachlust zu machen.

In der Tat, unser kommerzienrätlicher Freund hätte bei mehr Aufmerksamkeit und weniger Eigenliebe stutzig werden und über das Lächeln und den Gleichmut Anastasias den eigenen Gleichmut verlieren müssen; er gab sich aber umgekehrt einer Vertrauensseligkeit hin, für die, bei seinem sonst soupçonnösen und pessimistischen Charakter, jeder Schlüssel gefehlt haben würde, wenn er nicht unter Umständen, und auch jetzt wieder, der Mann völlig entgegengesetzter Voreingenommenheiten gewesen wäre. In seiner Scharfsicht oft übersichtig und Dinge sehend, die gar nicht da waren, übersah er ebenso oft andere, die klar zutage lagen. Er stand in der abergläubischen Furcht, in seinem Glücke von einem vernichtenden Schlage bedroht zu sein, aber nicht heut' und nicht morgen, und je bestimmter und unausbleiblicher er diesen Schlag von der Zukunft erwartete, desto sicherer und sorgloser erschien ihm die Gegenwart. Und am wenigsten sah er sie von *der* Seite her gefährdet, von der aus die Gefahr so nahe lag und von jedem andern erkannt worden wäre. Doch auch hier wiederum stand er im Bann einer vorgefaßten Meinung, und zwar eines künstlich konstruierten Rubehn, der mit dem wirklichen eine ganz oberflächliche Verwandtschaft, aber in der Tat auch nur *diese* hatte. Was sah er in ihm? Nichts als ein Frankfurter Patrizierkind, eine ganz und gar auf Anstand und Hausehre gestellte Natur, die zwar in jugendliche Torheiten verfallen, aber einen Vertrauens- und Hausfriedensbruch nie und nimmer begehen könne. Zum Überflusse war er verlobt und um so verlobter, je mehr er es bestritt. Und abends beim Tee, wenn Anastasia zugegen und das Verlobungsthema mal wieder an der Reihe war, hieß es vertraulich und gutgelaunt: »Ihr Weiber hört ja das Gras wachsen und nun gar erst *das* Gras! Ich wäre doch neugierig zu hören, an wen er sich vertan hat. Eine Vermutung hab' ich und wette zehn gegen eins, an eine Freiin vom deutschen Uradel, etwa wie Schreck von Schreckenstein oder Sattler von der Hölle.« Und dann widersprachen beide Damen, aber doch so klug und vorsichtig, daß ihr Widerspruch, anstatt irgend etwas zu beweisen, eben nur dazu diente, van der Straaten in seiner vorgefaßten Meinung immer fester zu machen.

Und so kam Heiligabend, und im ersten Saale der Bildergalerie waren all unsre Freunde, mit Ausnahme Rubehns, um den brennenden Baum her versammelt. Elimar und Gabler hatten es sich nicht nehmen lassen, auch ihrerseits zu der reichen Bescherung beizusteuern: ein riesiges Puppenhaus, drei Stock hoch, und im Souterrain eine Waschküche mit Herd und Kessel und Rolle. Und zwar eine altmodische Rolle mit Steinkasten und Mangelholz. Und sie rollte wirklich. Und es unterlag alsbald keinem Zweifel, daß das Puppenhaus den Triumph des Abends bildete, und beide Kinder waren selig. Sogar Lydia tat ihre Vornehmheitsallüren beiseit und ließ sich von Elimar in die Luft werfen und wieder fangen. Denn er war auch Turner und Akrobat. Und selbst Melanie lachte mit und schien sich des Glücks der andern zu freuen oder es gar zu teilen. Wer aber schärfer zugesehen hätte, der hätte wohl wahrgenommen, daß sie sich bezwang, und mitunter war es, als habe sie geweint. Etwas unendlich Weiches und Wehmütiges lag in dem Ausdruck ihrer Augen, und der Polizeirat sagte zu Duquede: »Sehen Sie, Freund, ist sie nicht schöner denn je?«

»Blaß und angegriffen«, sagte dieser. »Es gibt Leute, die blaß und angegriffen immer schön finden. Ich nicht. Sie wird überhaupt überschätzt, in allem, und am meisten in ihrer Schönheit.«

An den Aufbau schloß sich wie gewöhnlich ein Souper, und man endete mit einem schwedischen Punsch. Alles war heiter und guter Dinge. Melanie belebte sich wieder, gewann auch wieder frischere Farben, und als sie Riekchen und Anastasia, die bis zuletzt geblieben waren, bis an die Treppe geleitete, rief sie dem kleinen Fräulein mit ihrer freundlichen und herzgewinnenden Stimme nach: »Und sieh dich vor, Riekchen. Christel sagt mir eben, es glatteist.« Und dabei bückte sie sich über das Geländer und grüßte mit der Hand.

»Oh, ich falle nicht«, rief die Kleine zurück. »Kleine Leute fallen überhaupt nicht. Und am wenigsten, wenn sie vorn und hinten gut balancieren.«

Aber Melanie hörte nichts mehr von dem, was Riekchen sagte. Der Blick über das Geländer hatte sie schwindlig gemacht, und sie wäre gefallen, wenn sie nicht van der Straaten aufgefangen und in ihr Zimmer zurückgetragen hätte. Er wollte klingeln und nach dem Arzte schicken. Aber sie bat ihn, es zu lassen. Es sei nichts, oder doch nichts Ernstes, oder doch nichts, wobei der Arzt ihr helfen könne.

Und dann sagte sie, was es sei.

Aus: *L'Adultera*. Überschrift v. Hrsg.

Und so kam Heiligabend heran

Die musikalische Soiree bei Gieshübler hatte Mitte Dezember stattgefunden, gleich danach begannen die Vorbereitungen für Weihnachten, und Effi, die sonst schwer über diese Tage hingekommen wäre, segnete es, daß sie selber einen Hausstand hatte, dessen Ansprüche befriedigt werden mußten. Es galt nachsinnen, fragen, anschaffen, und das alles ließ trübe Gedanken nicht aufkommen. Am Tage vor Heiligabend trafen Geschenke von den Eltern aus Hohen-Cremmen ein, und mit in die Kiste waren allerhand Kleinigkeiten aus dem Kantorhause gepackt: wunderschöne Reinetten von einem Baum, den Effi und Jahnke vor mehreren Jahren gemeinschaftlich okuliert hatten, und dazu braune Puls- und Kniewärmer von Bertha und Hertha. Hulda schrieb nur wenige Zeilen, weil sie, wie sie sich entschuldigte, für X. noch eine Reisedecke zu stricken habe. »Was einfach nicht wahr ist«, sagte Effi. »Ich wette, X. existiert gar nicht. Daß sie nicht davon lassen kann, sich mit Anbetern zu umgeben, die nicht da sind!«

Und so kam Heiligabend heran.

Innstetten selbst baute auf für seine junge Frau, der Baum brannte, und ein kleiner Engel schwebte oben in Lüften. Auch eine Krippe war da mit hübschen Transparenten und Inschriften, deren eine sich in leiser Andeutung auf ein dem Innstettenschen Hause für nächstes Jahr bevorstehendes Ereignis bezog. Effi las es und errötete. Dann ging sie auf Innstetten zu, um ihm zu danken, aber eh sie dies konnte, flog nach altpommerschem Weihnachtsbrauch, ein Julklapp in den Hausflur: eine große Kiste, drin eine Welt von Dingen steckte. Zuletzt fand man die Hauptsache, ein zierliches, mit allerlei japanischen Bildchen überklebtes Morsellenkästchen, dessen eigentlichem Inhalt auch noch ein Zettelchen beigegeben war. Es hieß da:

Drei Könige kamen zum Heiligenchrist,
Mohrenkönig einer gewesen ist; –
Ein Mohrenapothekerlein
Erscheinet heute mit Spezerein,
Doch statt Weihrauch und Myrrhen, die nicht zur Stelle,
Bringt er Pistazien- und Mandel-Morselle.

Effi las es zwei-, dreimal und freute sich darüber. »Die Huldigungen eines guten Menschen haben doch etwas besonders Wohltuendes. Meinst du nicht auch, Geert?«

»Gewiß meine ich das. Es ist eigentlich das einzige, was einem Freude macht oder wenigstens Freude machen sollte. Denn jeder steckt noch so nebenher in allerhand dummem Zeuge drin. Ich auch. Aber freilich, man ist, wie man ist.«

Der erste Feiertag war Kirchtag, am zweiten war man bei Borckes draußen, alles zugegen, mit Ausnahme von Grasenabbs, die nicht kommen wollten, »weil Sidonie nicht da sei«, was man als Entschuldigung allseitig ziemlich sonderbar fand. Einige tuschelten sogar: »Umgekehrt; gerade deshalb hätten sie kommen sollen.« Am Silvester war Ressourcenball, auf dem Effi nicht fehlen durfte und auch nicht wollte, denn der Ball gab ihr Gelegenheit, endlich einmal die ganze Stadtflora beisammen zu sehen. Johanna hatte mit den Vorbereitungen zum Ballstaate für ihre Gnädige vollauf zu tun, Gieshübler, der, wie alles, so auch ein Treibhaus hatte, schickte Kamelien, und Innstetten, so knapp bemessen die Zeit für ihn war, fuhr am Nachmittage noch über Land nach Papenhagen, wo drei Scheunen abgebrannt waren.

Es war ganz still im Hause. Christel, beschäftigungslos, hatte sich schläfrig eine Fußbank an den Herd gerückt, und Effi zog sich in ihr Schlafzimmer zurück, wo sie sich, zwischen Spiegel und Sofa, an einen kleinen, eigens zu diesem Zweck zurechtgemachten Schreibtisch setzte, um von hier aus an die Mama zu schreiben, der sie für Weihnachtsbrief und Weihnachtsgeschenke bis dahin bloß in einer Karte gedankt, sonst aber seit Wochen keine Nachricht gegeben hatte.

»Kessin, 31. Dezember. Meine liebe Mama! Das wird nun wohl ein langer Schreibebrief werden, denn ich habe – die Karte rechnet nicht – lange nichts von mir hören lassen. Als ich das letztemal schrieb, steckte ich noch in den Weihnachtsvorbereitungen, jetzt liegen die Weihnachtstage schon zurück. Innstetten und mein guter Freund Gieshübler hatten alles aufgeboten, mir den Heiligen Abend so angenehm wie möglich zu machen, aber ich fühlte mich doch ein wenig einsam und bangte mich nach Euch. Überhaupt, so viel Ursache ich habe, zu danken und froh und glücklich zu sein, ich kann ein Gefühl des Alleinseins nicht ganz loswerden, und wenn ich mich früher, vielleicht mehr als nötig, über Huldas ewige Gefühlsträne mokiert habe, so werde ich jetzt dafür bestraft und habe selber mit dieser Träne zu kämpfen. Denn Innstetten darf es nicht sehen. Ich bin aber sicher, daß das alles besser werden wird, wenn unser Hausstand sich mehr belebt, und das wird der Fall sein, meine liebe Mama. Was ich neulich andeutete, das ist nun Gewißheit, und Innstetten bezeugt mir täglich seine Freude darüber. Wie glücklich ich selber im Hinblick darauf bin, brauche ich nicht erst zu versichern, schon weil ich dann Leben und Zerstreuung um mich her haben werde oder, wie Geert sich ausdrückt, ein ›liebes Spielzeug‹. Mit diesem Worte wird er wohl recht haben, aber er sollte es lieber nicht gebrauchen, weil es mir immer einen kleinen Stich gibt und mich daran erinnert, wie jung ich bin, und daß ich noch halb in die Kinderstube gehöre. Diese Vorstellung verläßt mich nicht (Geert meint, es sei krankhaft) und bringt es zuwege, daß das, was mein höchstes Glück sein sollte, doch fast noch mehr eine beständige Verlegenheit für mich ist. Ja, meine liebe Mama, als die guten Flemmingschen Damen sich neulich nach allem möglichen erkundigten, war mir zumut, als stünd' ich schlecht vorbereitet in einem Examen, und ich glaube auch, daß ich recht dumm geantwortet habe. Verdrießlich war ich auch. Denn manches, was wie Teilnahme aussieht, ist doch bloß Neugier und wirkt um so zudringlicher, als ich ja noch lange, bis in den Sommer hinein, auf das frohe Ereignis zu warten habe. Ich denke, die ersten Julitage. Dann mußt Du kommen, oder noch besser, sobald ich einigermaßen wieder bei Wege bin, komme *ich*, nehme hier Urlaub und mache mich auf nach Hohen-Cremmen. Ach, wie ich mich darauf freue, und auf die havelländische Luft – hier ist es fast immer rauh und kalt – und dann jeden Tag eine Fahrt ins Luch, alles rot und gelb, und ich sehe schon, wie das Kind die Hände danach streckt, denn es wird doch wohl fühlen, daß es eigentlich da zu Hause ist. Aber das schreibe ich nur *Dir*. Innstetten darf nicht davon wissen, und auch Dir gegenüber muß ich mich wie entschuldigen, daß ich mit dem Kinde nach Hohen-Cremmen will und mich heute schon anmelde, statt Dich, meine liebe Mama, dringend und herzlich nach Kessin hin einzuladen, das ja doch jeden Sommer fünfzehnhundert Badegäste hat und Schiffe mit allen möglichen Flaggen und sogar ein Dünenhotel. Aber daß ich so wenig Gastlichkeit zeige, das macht nicht, daß ich ungastlich wäre, so sehr bin ich nicht aus der Art geschlagen, das macht einfach unser landrätliches Haus, das, so viel Hübsches und Apartes es hat, doch eigentlich gar kein richtiges Haus ist, sondern nur eine Wohnung für zwei Menschen, und auch das kaum, denn wir haben nicht einmal ein Eßzimmer, was doch genant ist, wenn ein paar Personen zu Besuch sich einstellen. Wir haben freilich noch Räumlichkeiten im ersten Stock, einen großen Saal und vier kleine Zimmer, aber sie haben alle etwas wenig Einladendes, und ich würde sie Rumpelkammer nennen, wenn sich etwas Gerümpel darin vorfände; sie sind aber ganz leer, ein paar Binsenstühle abgerechnet, und machen, das mindeste zu sagen, einen sehr sonderbaren Eindruck. Nun wirst Du wohl meinen, das alles sei ja leicht zu ändern. Aber es ist nicht zu ändern; denn das Haus, das wir bewohnen, ist … ist ein Spukhaus; da ist es heraus. Ich beschwöre Dich übrigens, mir auf diese meine Mitteilung nicht zu antworten, denn ich zeige Innstetten immer Eure Briefe, und er wäre außer sich, wenn er erführe, daß ich Dir das geschrieben. Ich hätte es auch nicht getan, und zwar um so weniger, als ich seit vielen Wochen in Ruhe geblieben bin und aufgehört habe, mich zu ängstigen; aber Johanna sagt mir, es käme immer mal wieder, namentlich wenn wer Neues im Hause erschiene. Und ich kann Dich doch einer solchen Gefahr oder, wenn das zu viel gesagt ist, einer solchen eigentümlichen und unbequemen Störung nicht aussetzen! Mit der Sache selber will ich Dich heute nicht behelligen, jedenfalls nicht ausführlich. Es ist eine Geschichte von einem alten Kapitän, einem sogenannten Chinafahrer, und seiner Enkelin, die mit einem hiesigen jungen Kapitän eine kurze Zeit verlobt war und an ihrem Hochzeitstage plötzlich verschwand. Das möchte hingehn. Aber was wichtiger ist, ein junger Chinese, den ihr Vater aus China mit zurückgebracht hatte und der erst der Diener und dann der Freund des Alten war, der starb kurze Zeit danach und ist an einer einsamen Stelle neben dem Kirchhof begraben worden. Ich bin neulich da vorübergefahren, wandte mich aber rasch ab und sah nach der andern Seite, weil ich glaube, ich hätte ihn sonst auf dem Grabe sitzen sehen. Denn ach, meine liebe Mama, ich habe ihn einmal wirklich gesehen, oder es ist mir wenigstens so vorgekommen, als ich fest schlief und Innstetten auf Besuch beim Fürsten war. Es war schrecklich; ich möchte so was nicht wieder erleben. Und in ein solches Haus, so hübsch es sonst ist (es ist sonderbarerweise gemütlich und unheimlich zugleich), kann ich Dich doch nicht gut einladen. Und Innstetten, trotzdem ich ihm schließlich in vielen Stücken zustimmte, hat sich dabei, soviel möcht' ich sagen dürfen, auch nicht ganz richtig benommen. Er verlangte von mir, ich solle das alles als Alten-Weiberunsinn ansehn und darüber lachen, aber mit einemmal schien er doch auch wieder selber daran zu glauben und stellte mir zugleich die sonderbare Zumutung, einen solchen Hausspuk als etwas Vornehmes und Altadliges anzusehen. Das kann ich aber nicht und will es auch nicht. Er ist in diesem Punkte, so gütig er sonst ist, nicht gütig und nachsichtig genug gegen mich. Denn daß es etwas damit ist, das weiß ich von Johanna und weiß es auch von unserer Frau Kruse. Das ist nämlich unsere Kutscherfrau, die mit einem schwarzen Huhn beständig in einer überheizten Stube sitzt. Dies allein schon ist ängstlich genug. Und nun weißt Du, warum *ich* kommen will, wenn es erst soweit ist. Ach, wäre es nur erst soweit. Es sind so viele Gründe, warum ich es wünsche. Heute abend haben wir Silvesterball, und Gieshübler – der einzig nette Mensch hier, trotzdem er eine hohe Schulter hat, oder eigentlich schon etwas mehr –, Gieshübler hat mir Kamelien geschickt. Ich werde doch vielleicht tanzen. Unser Arzt sagt, es würde mir nichts schaden, im Gegenteil. Und Innstetten, was mich fast überraschte, hat auch eingewilligt. Und nun grüße und küsse Papa und all die andern Lieben. Glückauf zum neuen Jahr.

Deine Effi.«

Aus: *Effi Briest.* Überschrift v. Hrsg.

An Emilie
Zum 24. Dezember 1862

Es ändern im Leben sich die Dinge,
Lahm wird der Schwung, lahm wird die Schwinge,
Die Liebe, die sonst im Äther schwamm,
Sie steigt hinunter zu Seife und Kamm.

Der Kamm für zwölf einen halben Groschen
Ist aus einem Laden mit Gummi-Galoschen,
Die Seife (aus einem kleinen Basar)
Wohl nie bei »Treu und Nuglisch« war.

Sei's drum; wenn ich es recht begreife,
Ist gar nicht so übel der Kamm und die Seife,
Und war auch die Lieb einst noch so stramm,
Noch strammer ist Liebe mit Seife und Kamm.

Nur stramme Liebe, ums recht zu bedenken,
Kann's wagen, Kamm und Seife zu schenken,
Und glücklich die Ehe, wo Frau und Mann
Sich Kamm und Seife schenken kann.

Die Gottesmauer

Der Heilige Abend kam und verging ähnlich wie das Jahr vorher; aus Hohen-Cremmen kamen Geschenke und Briefe; Gieshübler war wieder mit einem Huldigungsvers zur Stelle, und Vetter Briest sandte eine Karte: Schneelandschaft mit Telegraphenstangen, auf deren Draht geduckt ein Vögelchen saß. Auch für Annie war aufgebaut: ein Baum mit Lichtern, und das Kind griff mit seinen Händchen danach. Innstetten, unbefangen und heiter, schien sich seines häuslichen Glücks zu freuen und beschäftigte sich viel mit dem Kinde. Roswitha war erstaunt, den gnädigen Herrn so zärtlich und zugleich so aufgeräumt zu sehen. Auch Effi sprach viel und lachte viel, es kam ihr aber nicht aus innerster Seele. Sie fühlte sich bedrückt und wußte nur nicht, wen sie dafür verantwortlich machen sollte, Innstetten oder sich selber. Von Crampas war kein Weihnachtsgruß eingetroffen; eigentlich war es ihr lieb, aber auch wieder nicht, seine Huldigungen erfüllten sie mit einem gewissen Bangen, und seine Gleichgültigkeiten verstimmten sie; sie sah ein, es war nicht alles so, wie's sein sollte.

»Du bist so unruhig«, sagte Innstetten nach einer Weile.

»Ja. Alle Welt hat es so gut mit mir gemeint, am meisten du; das bedrückt mich, weil ich fühle, daß ich es nicht verdiene.«

»Damit darf man sich nicht quälen, Effi. Zuletzt ist es doch so: was man empfängt, das hat man auch verdient.«

Effi hörte scharf hin, und ihr schlechtes Gewissen ließ sie sich selber fragen, ob er das absichtlich in so zweideutiger Form gesagt habe.

Spät gegen Abend kam Pastor Lindequist, um zu gratulieren und noch wegen der Partie nach der Oberförsterei Uvagla hin anzufragen, die natürlich eine Schlittenpartie werden müsse. Crampas habe ihm einen Platz in seinem Schlitten angeboten, aber weder der Major noch sein Bursche, der, wie alles, auch das

Kutschieren übernehmen solle, kenne den Weg, und so würde es sich vielleicht empfehlen, die Fahrt gemeinschaftlich zu machen, wobei dann der landrätliche Schlitten die Tête zu nehmen und der Crampassche zu folgen hätte. Wahrscheinlich auch der Gieshüblersche. Denn mit der Wegkenntnis Mirambos, dem sich unerklärlicherweise Freund Alonzo, der doch sonst so vorsichtig, anvertrauen wolle, stehe es wahrscheinlich noch schlechter als mit der des sommersprossigen Treptower Ulanen. Innstetten, den diese kleinen Verlegenheiten erheiterten, war mit Lindequists Vorschlage durchaus einverstanden und ordnete die Sache dahin, daß er pünktlich um zwei Uhr über den Marktplatz fahren und ohne alles Säumen die Führung des Zuges in die Hand nehmen werde.

Nach diesem Übereinkommen wurde denn auch verfahren, und als Innstetten punkt zwei Uhr den Marktplatz passierte, grüßte Crampas zunächst von seinem Schlitten aus zu Effi hinüber und schloß sich dann dem Innstettenschen an. Der Pastor saß neben ihm. Gieshüblers Schlitten, mit Gieshübler selbst und Doktor Hannemann, folgte, jener in einem eleganten Büffelrock mit Marderbesatz, dieser in einem Bärenpelz, dem man ansah, daß er wenigstens dreißig Dienstjahre zählte. Hannemann war nämlich in seiner Jugend Schiffschirurgus auf einem Grönlandfahrer gewesen. Mirambo saß vorn, etwas aufgeregt wegen Unkenntnis im Kutschieren, ganz wie Lindequist vermutet hatte.

Schon nach zwei Minuten war man an Utpatels Mühle vorbei.

Zwischen Kessin und Uvagla (wo, der Sage nach, ein Wendentempel gestanden) lag ein nur etwa tausend Schritt breiter, aber wohl anderthalb Meilen langer Waldstreifen, der an seiner rechten Längsseite das Meer, an seiner linken, bis weit an den Horizont hin, ein großes, überaus fruchtbares und gut angebautes Stück Land hatte. Hier, an der Binnenseite, flogen jetzt die drei Schlitten hin, in einiger Entfernung ein paar alte Kutschwagen vor sich, in denen, aller Wahrscheinlichkeit nach, andere nach der Oberförsterei hin eingeladene Gäste saßen. Einer dieser Wagen war an seinen altmodisch hohen Rädern deutlich zu erken-

nen, es war der Papenhagensche. Natürlich. Güldenklee galt als
der beste Redner des Kreises (noch besser als Borcke, ja selbst
besser als Grasenabb) und durfte bei Festlichkeiten nicht leicht
fehlen.

Die Fahrt ging rasch – auch die herrschaftlichen Kutscher
strengten sich an und wollten sich nicht überholen lassen –, so
daß man schon um drei vor der Oberförsterei hielt. Ring, ein
stattlicher, militärisch dreinschauender Herr von Mitte fünfzig,
der den ersten Feldzug in Schleswig noch unter Wrangel und
Bonin mitgemacht und sich bei Erstürmung des Danewerks aus-
gezeichnet hatte, stand in der Tür und empfing seine Gäste, die,
nachdem sie abgelegt und die Frau des Hauses begrüßt hatten,
zunächst vor einem langgedeckten Kaffeetische Platz nahmen,
auf dem kunstvoll aufgeschichtete Kuchenpyramiden standen.
Die Oberförsterin, eine von Natur sehr ängstliche, zum minde-
sten aber sehr befangene Frau, zeigte sich auch als Wirtin so, was
den überaus eitlen Oberförster, der für Sicherheit und Schnei-
digkeit war, ganz augenscheinlich verdroß. Zum Glück kam sein
Unmut zu keinem Ausbruch, denn von dem, was seine Frau vermissen ließ, hatten seine Töchter desto mehr, bildhübsche Back-
fische von vierzehn und dreizehn, die ganz nach dem Vater
schlugen. Besonders die ältere, Cora, kokettierte sofort mit Innstetten und Crampas, und beide gingen auch darauf ein. Effi
ärgerte sich darüber und schämte sich dann wieder, daß sie sich
geärgert habe. Sie saß neben Sidonie von Grasenabb und sagte:
»Sonderbar, so bin ich auch gewesen, als ich vierzehn war.«

Effi rechnete darauf, daß Sidonie dies bestreiten oder doch
wenigstens Einschränkungen machen würde. Statt dessen sagte
diese: »Das kann ich mir denken.«

»Und wie der Vater sie verzieht«, fuhr Effi halb verlegen, und
nur, um doch was zu sagen, fort.

Sidonie nickte. »Da liegt es. Keine Zucht. Das ist die Signatur
unserer Zeit.«

Effi brach nun ab.

Der Kaffee war bald genommen, und man stand auf, um noch

einen halbstündigen Spaziergang in den umliegenden Wald zu machen, zunächst auf ein Gehege zu, drin Wild eingezäunt war. Cora öffnete das Gatter, und kaum, daß sie eingetreten, so kamen auch schon die Rehe auf sie zu. Es war eigentlich reizend, ganz wie ein Märchen. Aber die Eitelkeit des jungen Dinges, das sich bewußt war, ein lebendes Bild zu stellen, ließ doch einen reinen Eindruck nicht aufkommen, am wenigsten bei Effi. »Nein«, sagte sie zu sich selber, »so bin ich doch nicht gewesen. Vielleicht hat es mir auch an Zucht gefehlt, wie diese furchtbare Sidonie mir eben andeutete, vielleicht auch anderes noch. Man war zu Haus zu gütig gegen mich, man liebte mich zu sehr. Aber das darf ich doch wohl sagen, ich habe mich nie geziert. Das war immer Huldas Sache. Darum gefiel sie mir auch nicht, als ich diesen Sommer sie wiedersah.«

Auf dem Rückwege vom Walde nach der Oberförsterei begann es zu schneien. Crampas gesellte sich zu Effi und sprach ihr sein Bedauern aus, daß er noch nicht Gelegenheit gehabt habe, sie zu begrüßen. Zugleich wies er auf die großen schweren Schneeflocken, die fielen, und sagte: »Wenn das so weiter geht, so schneien wir hier ein.«

»Das wäre nicht das Schlimmste. Mit dem Eingeschneitwerden verbinde ich von langer Zeit her eine freundliche Vorstellung, eine Vorstellung von Schutz und Beistand.«

»Das ist mir neu, meine gnädigste Frau.«

»Ja«, fuhr Effi fort und versuchte zu lachen, »mit den Vorstellungen ist es ein eigen Ding, man macht sie sich nicht bloß nach dem, was man persönlich erfahren hat, auch nach dem, was man irgendwo gehört oder ganz zufällig weiß. Sie sind so belesen, Major, aber mit einem Gedichte – freilich keinem Heineschen, keinem ›Seegespenst‹ und keinem ›Vitzliputzli‹ – bin ich Ihnen, wie mir scheint, doch voraus. Dies Gedicht heißt die ›Gottesmauer‹, und ich hab’ es bei unserm Hohen-Cremmner Pastor vor vielen, vielen Jahren, als ich noch ganz klein war, auswendig gelernt.«

»Gottesmauer«, wiederholte Crampas. »Ein hübscher Titel, und wie verhält es sich damit?«

»Eine kleine Geschichte, nur ganz kurz. Da war irgendwo Krieg, ein Winterfeldzug, und eine alte Witwe, die sich vor dem Feinde mächtig fürchtete, betete zu Gott, er möge doch ›eine Mauer um sie bauen‹, um sie vor dem Landesfeinde zu schützen. Und da ließ Gott das Haus einschneien, und der Feind zog daran vorüber.«

Crampas war sichtlich betroffen und wechselte das Gespräch.

Als es dunkelte, waren alle wieder in der Oberförsterei zurück.

Aus: Effi Briest. Überschrift v. Hrsg.

Geist der Zeit

Gleich nach sieben ging man zu Tisch, und alles freute sich, daß der Weihnachtsbaum, eine mit zahllosen Silberkugeln bedeckte Tanne, noch einmal angesteckt wurde. Crampas, der das Ringsche Haus noch nicht kannte, war helle Bewunderung. Der Damast, die Weinkühler, das reiche Silbergeschirr, alles wirkte herrschaftlich, weit über oberförsterliche Durchschnittsverhältnisse hinaus, was darin seinen Grund hatte, daß Rings Frau, so scheu und verlegen sie war, aus einem reichen Danziger Kornhändlerhause stammte. Von da her rührten auch die meisten der ringsumher hängenden Bilder: der Kornhändler und seine Frau, der Marienburger Remter und eine gute Kopie nach dem berühmten Memlingschen Altarbilde in der Danziger Marienkirche. Kloster Oliva war zweimal da, einmal in Öl und einmal in Kork geschnitzt. Außerdem befand sich über dem Büfett ein sehr nachgedunkeltes Porträt des alten Nettelbeck, das noch aus dem bescheidenen Mobiliar des erst vor anderthalb Jahren verstorbenen Ringschen Amtsvorgängers herrührte. Niemand hatte damals, bei der wie gewöhnlich stattfindenden Auktion, das Bild des Alten haben wollen, bis Innstetten, der sich über diese Mißachtung ärgerte, darauf geboten hatte. Da hatte sich denn auch Ring patriotisch besonnen, und der alte Kolbergverteidiger war der Oberförsterei verblieben.

Das Nettelbeckbild ließ ziemlich viel zu wünschen übrig; sonst aber verriet alles, wie schon angedeutet, eine beinahe an Glanz streifende Wohlhabenheit, und dem entsprach denn auch das Mahl, das aufgetragen wurde. Jeder hatte mehr oder weniger seine Freude daran, mit Ausnahme Sidoniens. Diese saß zwischen Innstetten und Lindequist und sagte, als sie Coras ansichtig wurde: »Da ist ja wieder dies unausstehliche Balg, diese Cora. Sehen Sie nur, Innstetten, wie sie die kleinen Weingläser präsentiert, ein wahres Kunststück, sie könnte jeden Augenblick Kellnerin werden. Ganz unerträglich. Und dazu die Blicke von Ihrem Freunde Crampas! Das ist so die rechte Saat! Ich frage Sie, was soll dabei herauskommen?«

Innstetten, der ihr eigentlich zustimmte, fand trotzdem den Ton, in dem das alles gesagt wurde, so verletzend herbe, daß er spöttisch bemerkte: »Ja, meine Gnädigste, was dabei herauskommen soll? Ich weiß es *auch* nicht« – worauf sich Sidonie von ihm ab- und ihrem Nachbar zur Linken zuwandte: »Sagen Sie, Pastor, ist diese vierzehnjährige Kokette schon im Unterricht bei Ihnen?«

»Ja, mein gnädigstes Fräulein.«

»Dann müssen Sie mir die Bemerkung verzeihen, daß Sie sie nicht in die richtige Schule genommen haben. Ich weiß wohl, es hält das heutzutage sehr schwer, aber ich weiß auch, daß die, denen die Fürsorge für junge Seelen obliegt, es vielfach an dem rechten Ernste fehlen lassen. Es bleibt dabei, die Hauptschuld tragen die Eltern und Erzieher.«

Lindequist, denselben Ton anschlagend wie Innstetten, antwortete, daß das alles sehr richtig, der Geist der Zeit aber *zu* mächtig sei.

»Geist der Zeit!« sagte Sidonie. »Kommen Sie mir nicht damit. Das kann ich nicht hören, das ist der Ausdruck höchster Schwäche, Bankrutterklärung. Ich kenne das; nie scharf zufassen wollen, immer dem Unbequemen aus dem Wege gehen. Denn Pflicht ist unbequem. Und so wird nur allzuleicht vergessen, daß das uns anvertraute Gut auch mal von uns zurückgefordert wird. Eingreifen, lieber Pastor, Zucht. Das Fleisch ist schwach, gewiß; aber …«

In diesem Augenblicke kam ein englisches Roastbeef, von dem Sidonie ziemlich ausgiebig nahm, ohne Lindequists Lächeln dabei zu bemerken. Und weil sie's nicht bemerkte, so durfte es auch nicht wundernehmen, daß sie mit vieler Unbefangenheit fortfuhr: »Es kann übrigens alles, was Sie hier sehen, nicht wohl anders sein; alles ist schief und verfahren von Anfang an. Ring, Ring – wenn ich nicht irre, hat es drüben in Schweden oder da herum mal einen Sagenkönig dieses Namens gegeben. Nun sehen Sie, benimmt er sich nicht, als ob er von dem abstamme? und seine Mutter, die ich noch gekannt habe, war eine Plättfrau in Köslin.«

»Ich kann darin nichts Schlimmes finden.«

»Schlimmes finden? Ich auch nicht. Und jedenfalls gibt es Schlimmeres. Aber soviel muß ich doch von Ihnen, als einem geweihten Diener der Kirche, gewärtigen dürfen, daß Sie die gesellschaftlichen Ordnungen gelten lassen. Ein Oberförster ist ein bißchen mehr als ein Förster, und ein Förster hat nicht solche Weinkühler und solch Silberzeug; das alles ist ungehörig und zieht dann solche Kinder groß wie dies Fräulein Cora.«

Sidonie, jedesmal bereit, irgendwas Schreckliches zu prophezeien, wenn sie, vom Geist überkommen, die Schalen ihres Zornes ausschüttete, würde sich auch heute bis zum Kassandrablick in die Zukunft gesteigert haben, wenn nicht in ebendiesem Augenblicke die dampfende Punschbowle – womit die Weihnachtsreunions bei Ring immer abschlossen – auf der Tafel erschienen wäre, dazu Krausgebackenes, das, geschickt übereinandergetürmt, noch weit über die vor einigen Stunden aufgetragene Kaffeekuchenpyramide hinauswuchs. Und nun trat auch Ring selbst, der sich bis dahin etwas zurückgehalten hatte, mit einer gewissen strahlenden Feierlichkeit in Aktion und begann die vor ihm stehenden Gläser, große geschliffene Römer, in virtuosem Bogensturz zu füllen, ein Einschenkekunststück, das die stets schlagfertige Frau von Padden, die heute leider fehlte, mal als »Ringsche Füllung en cascade« bezeichnet hatte. Rotgolden wölbte sich dabei der Strahl, und kein Tropfen durfte verloren gehen. So war es auch heute wieder. Zuletzt aber, als jeder, was ihm zukam, in Händen hielt – auch Cora, die sich mittlerweile mit ihrem rotblonden Wellenhaar auf »Onkel Crampas« Schoß gesetzt hatte –, erhob sich der alte Papenhagner, um, wie herkömmlich bei Festlichkeiten der Art, einen Toast auf seinen lieben Oberförster auszubringen. »Es gäbe viele Ringe«, so etwa begann er, »Jahresringe, Gardinenringe, Trauringe, und was nun gar – denn auch davon dürfe sich am Ende wohl sprechen lassen – die Verlobungsringe angehe, so sei glücklicherweise die Gewähr gegeben, daß einer davon in kürzester Frist in diesem Hause sichtbar werden und den Ringfinger (und zwar hier in einem *doppelten* Sinne den Ringfinger) eines kleinen hübschen Pätschelchens zieren werde ...«

»Unerhört«, raunte Sidonie dem Pastor zu.

»Ja, meine Freunde«, fuhr Güldenklee mit gehobener Stimme fort, »viele Ringe gibt es, und es gibt sogar eine Geschichte, die wir alle kennen, die die Geschichte von den ›drei Ringen‹ heißt, eine Judengeschichte, die, wie der ganze liberale Krimskrams, nichts wie Verwirrung und Unheil gestiftet hat und noch stiftet. Gott bessere es. Und nun lassen Sie mich schließen, um Ihre Geduld und Nachsicht nicht über Gebühr in Anspruch zu nehmen. Ich bin *nicht* für diese drei Ringe, meine Lieben, ich bin vielmehr für *einen* Ring, für *einen* Ring, der so recht ein Ring ist, wie er sein soll, ein Ring, der alles Gute, was wir in unserm altpommerschen Kessiner Kreise haben, alles, was noch mit Gott für König und Vaterland einsteht – und es sind ihrer noch einige (lauter Jubel) –, an diesem seinem gastlichen Tisch vereinigt sieht. Für *diesen* Ring bin ich. Er lebe hoch!«

Alles stimmte ein und umdrängte Ring, der, solange das dauerte, das Amt des ›Einschenkens en cascade‹ an den ihm gegenübersitzenden Crampas abtreten mußte; der Hauslehrer aber stürzte von seinem Platz am unteren Ende der Tafel an das Klavier und schlug die ersten Takte des Preußenliedes an, worauf alles stehend und feierlich einfiel: »Ich bin ein Preuße ... will ein Preuße sein.«

»Es ist doch etwas Schönes«, sagte gleich nach der ersten Strophe der alte Borcke zu Innstetten, »so was hat man in anderen Ländern nicht.«

»Nein«, antwortete Innstetten, der von solchem Patriotismus nicht viel hielt, »in anderen Ländern hat man was anderes.«

Man sang alle Strophen durch, dann hieß es, die Wagen seien vorgefahren, und gleich darnach erhob sich alles, um die Pferde nicht warten zu lassen.

Aus: Effi Briest. Überschrift v. Hrsg.

Und wir sehen schon den Stern

Kurz vor zwölf war man im Schlosse zurück, gerade noch früh genug, um rechtzeitig bei der Prinzessin erscheinen zu können. Pentz und die Schimmelmann, die den Dienst hatten, empfingen die Geladenen, und nachdem die bald danach eintretende Prinzessin an jeden einzelnen ein Wort der Begrüßung gerichtet hatte, verließ man die Wohn- und Empfangszimmer, um sich über einen mit Karyatiden reich geschmückten und augenscheinlich einer späteren Zeit angehörigen Korridor hin in die große Herluf-Trolle-Halle zu begeben, dieselbe Halle, darin man, am Abend vorher, bei Kaminfeuer und Kienfackeln erst die großen Bilder, so gut es ging, betrachtet und dann dem erklärenden Schleppegrellschen Vortrage zugehört hatte. Ja, die Halle war dieselbe; trotzdem zeigte sich seit gestern insoweit eine Veränderung, als jetzt helles Tageslicht einfiel (die Mittagsstunde hatte wieder Sonnenschein gebracht) und allem etwas Heitres lieh, ein Eindruck, der durch eine mit Blumen und altnordischen Trinkgefäßen beinah phantastisch geschmückte Prunktafel noch gesteigert wurde. Schmuck überall, geschmückt auch die Wände. Da, wo sich die hohen Paneele mit den breiten Barockrahmen der Wandbilder berührten, hingen Mistel- und Ebereschenbündel an Girlanden von Eichenlaub, während eine quer durch die Halle gezogene Wand von Zypressen und jungen Tannenbäumen den dunklen Hinterraum von dem festlich hergerichteten Vorderraum abtrennte. Das Ganze, soviel war augenscheinlich, sollte den Weihnachtscharakter tragen oder, wie die Prinzessin sich ausgedrückt hatte, wenigstens ein Vorspiel zum Julfeste sein. Orangen, in fast überreicher Zahl, waren überall in das Tannengezweige gehängt, und kleine wächserne Christengel schwenkten ihre Fahne, während über das blitzende weiße Tischtuch hin Stechpalmenzweige lagen mit roten Beeren daran.

Und nun forderte die Prinzessin die Geladenen durch eine gnädige Handbewegung auf, ihre Plätze zu nehmen. Minutenlang verblieben alle schweigend oder kamen über ein Flüstern nicht hinaus; als aber das erste Glas Cyper geleert war, war auch die fröhliche Laune wieder da, die diesen kleinen Kreis auszeichnete. Jeder, nach voraufgegangener Aufforderung der Prinzessin, ließ sich's zunächst angelegen sein, über seine Schicksale während der letzten Sturmnacht zu berichten, und alle waren einig darin, daß das schöne Schloß, darin nur leider alle Fenster klapperten und in dem man in jedem Augenblicke fürchten müsse, von einem Nordwester gepackt und weggeweht zu werden, doch mehr ein Sommer- als ein Winterschloß sei. »Ja«, sagte die Prinzessin, »das ist leider so, davon kann ich mein liebes Frederiksborg nicht freisprechen; und was fast noch schlimmer ist, ich kann auch nichts dagegen tun und muß eben alles lassen, wie's ist.« Und nun erzählte sie mit der ihr eigenen Jovialität, wie sie vor Jahr und Tag schon einen feierlichen Antrag auf »schließende Türen und Fenster« gestellt habe, was ihr aber von der betreffenden Verwaltungs- oder Baukommission rund abgeschlagen worden sei, weil die Bewohnbarkeit des Schlosses oder doch wenigstens die Brauchbarkeit der Kamine mit dem Fortbestand undichter Fenster im nächsten Zusammenhange stehe; schließende Fenster würden gleichbedeutend sein mit Kaminen, die nicht brennen. »Und seitdem ich das weiß, hab' ich mich in mein Schicksal ergeben; ja nach allem, was ich bei der Gelegenheit gehört habe, will ich noch froh sein, wenn wir durch einen fortgesetzten guten Tür- und Fensterzug vor verstopften Feueressen und allen sich daraus ergebenden Fährlichkeiten bewahrt bleiben. Offen gestanden, mitunter steh' ich unter der Furcht, es könne mal so was kommen. In den Schornsteinen hier herum wird es schlimm genug aussehen, und speziell in dem unsrigen vermut' ich eine Rußkruste womöglich noch aus König Christians Zeiten her.« Es war nach Nennung des Namens »König Christian« so gut wie selbstverständlich, daß sich das Gespräch den Frederiksborger Tagen dieses dänischen Lieblingskönigs zuwenden mußte, von dem Schleppegrell, fast noch selbstverständlicher, eine Fülle von Lokalanekdoten sofort zur Stelle hatte. Nach einiger Zeit aber unterbrach Holk und sagte: »Da stecken wir nun schon eine Viertelstunde lang in König-Christian-Anekdoten und haben immer noch nicht die Geschichte von dem Stein draußen gehört mit seiner Namensinschrift und seiner Jahreszahl 1628. Was ist es damit? Sie haben uns draußen im Park versprochen …«

Schleppegrell wiegte den Kopf zweifelnd hin und her. »Allerdings«, nahm er das Wort, »hab' ich davon erzählen wollen. Aber es ist nicht viel damit und wird Sie mutmaßlich enttäuschen. Man erzählt sich nämlich, es sei der Stein, wo Christian IV., als er, nach seinem Regierungsantritt, den großen Umbau des Schlosses zu leiten begann, gleich am ersten Samstage die Arbeiter um sich versammelt und ihnen allerpersönlichst den Wochenlohn ausgezahlt habe.«

»Das ist alles?«

»Ja«, sagte Schleppegrell.

Ebba aber wollte davon nichts wissen. »Nein, Pastor Schleppegrell, so leichten Kaufs kommen Sie nicht los; was Sie da sagen, das kann einfach nicht sein. Sie vergessen, daß jeder, der sich herauswinden oder andere hinters Licht führen will, vor allem ein gutes Gedächtnis haben muß. Es ist noch keine zwei Stunden, daß wir aus Ihrem Munde gehört, Sie würden von dem Stein erzählen, wenn die Prinzessin ihre Zustimmung dazu gäbe. Nun, Sie werden doch nicht geglaubt haben, die Prinzessin könne vorhaben, Ihren Bericht über eine samstägliche Lohnauszahlung verbieten zu wollen.«

Die Prinzessin weidete sich an Schleppegrells Verlegenheit, und Ebba, nicht willens, ihren Vorteil aus der Hand zu geben, fuhr fort: »Sie sehen, Sie können aus Ihrer schrecklichen Lage nur heraus, wenn Sie sich rundweg entschließen, Farbe zu bekennen, und uns die Geschichte so geben, wie sie wirklich gewesen.«

Schleppegrell, der sich altmodischerweise die Serviette quer über die Brust gebunden hatte, löste mechanisch den Knoten,

legte die Serviette neben sich und sagte: »Nun gut, wenn Sie be-
fehlen; es gibt noch eine zweite Lesart, von der es allerdings
heißt, daß sie die richtigere sei. Der König ging mit Christine
Munk, die seine Gemahlin war und auch wieder nicht war, etwas, das in unsrer Geschichte leider mehrfach vorkommt, im
Schloßgarten spazieren, und mit den beiden war Prinz Ullrich
und Prinzessin Fritz-Anna, und als sie bis an diesen Stein gekommen waren, setzten sie sich, um eine Plauderei zu haben.
Und der König war so gnädig und liebenswürdig wie nie zuvor.
Aber Christine Munk, aus Gründen, die bis diesen Augenblick
niemand weiß oder auch nur ahnen kann (oder vielleicht auch
hatte sie keine), schwieg in einem fort und sah so sauertöpfisch
und griesgrämig drein, daß es eine große Verlegenheit gab. Und
was das Schlimmste von der Sache war, diese Verstimmung
Christinens hatte Dauer und war noch nicht vorüber, als der
Abend herankam und der König in das Schlafgemach wollte. Da
fand er die Tür verriegelt und verschlossen und mußte seine
Ruh' an einer andern Stelle nehmen. Und da solches dem Könige
vordem nie widerfahren war, weil Christine nicht nur zu den
bestgelaunten, sondern auch zu den allerzärtlichsten Frauen gehörte, so beschloß der König, diesen merkwürdigen Ausnahme-
tag zu verewigen und ließ Namen und Jahreszahl in den Stein
einmeißeln, wo der rätselvolle eheliche Zwist seinen Anfang genommen hatte.«

»Nun«, sagte die Prinzessin, »das ist freilich um einen Grad
intrikater, aber doch auch noch lange nicht dazu angetan, mich
als Schreckgespenst der Prüderie heraufzubeschwören, wie mein
lieber Schleppegrell heute vormittag getan zu haben scheint.
Übrigens apropos Prüderie! Da habe ich gestern in einem französischen Buche gefunden, ›Prüderie, wenn man nicht mehr jung
und schön sei, sei nichts als eine bis nach der Ernte noch stehen-
gebliebene Vogelscheuche‹. Nicht übel; die Franzosen verstehen
sich auf dergleichen. Was aber, um unser Thema nicht zu vergessen, die Geschichte vom König Christian und seinem ›Ausgeschlossensein‹ angeht, so wünschte ich wohl, all unsere Königs-

und Prinzengeschichten, die jetzt nur das Gegenteil davon kennen, wiesen eine ähnliche Harmlosigkeit auf, ein Wunsch, in dem mir Graf Holk sicherlich zustimmen wird. Sagen Sie, Graf, wie finden Sie die Geschichte?«

»Die Wahrheit zu gestehen, gnädigste Prinzessin, ich finde die Geschichte zu kleinen Stils und überhaupt etwas zu wenig.«

»Zu wenig«, wiederholte Ebba. »Da möcht' ich doch widersprechen dürfen. Das mit der samstäglichen Lohnauszahlung, das war zu wenig, aber nicht *dies*. Eine Frau, die griesgrämig und sauertöpfisch dreinsieht, ist nie wenig, und wenn ihre schlechte Laune so weit geht, ihren Eheherrn von ihrer Kammer auszuschließen (ich bedaure, diesen Punkt berühren zu müssen, aber die Historie verlangt Wahrheit und nicht Verschleierungen), so ist das vollends nicht wenig. Ich rufe meine gnädigste Prinzessin zum Zeugen auf und flüchte mich unter ihren Schutz. Aber so sind die Herren von heutzutage; König Christian läßt das Ereignis in Stein eingraben, als eine merkwürdige Sache, die zu den fernsten Zeiten sprechen soll, und Graf Holk findet es wenig und zu ›kleinen Stils‹.«

Holk sah sich in die Enge getrieben, und zugleich wahrnehmend, daß die Prinzessin augenscheinlich in der Laune war, auf Ebbas Seite zu treten, fuhr er unsicher hin und her und versicherte, während er abwechselnd einen ernsthaften und dann wieder ironischen Ton anzuschlagen versuchte, daß man in solcher Angelegenheit einen privaten und einen historischen Standpunkt durchaus unterscheiden müsse; vom privaten Standpunkt aus sei solch »Ausgeschlossensein« etwas tief Betrübliches und beinah Tragisches, ein ausgeschlossener König aber sei ganz unstatthaft, ja dürfe gar nicht vorkommen, und wenn die Geschichte dennoch dergleichen berichte, so begäbe sie sich eben ihrer Hoheit und Würde und gerate in das hinein, was er wohl oder übel »kleinen Stil« genannt habe.

»Er zieht sich gut heraus«, sagte die Prinzessin. »Nun, Ebba, führe deine Sache weiter.«

»Ja, gnädigste Prinzessin, das will ich auch, und wenn ich es als ein deutsches Fräulein vielleicht nicht könnte, so kann ich es doch als eine reine Skandinavin.«

Alles erheiterte sich.

»Als eine reine Skandinavin«, wiederholte Ebba, »natürlich mütterlicherseits, was immer das Entscheidende ist; der Vater bedeutet nie viel. Und nun also unsere These. Ja, was Graf Holk da sagt ... nun ja, von seinem schleswig-holsteinschen Standpunkt aus mag er recht haben mit seiner Vorliebe für das Große. Denn sein Protest gegen den kleinen Stil bedeutet doch natürlich, daß er den großen will. Aber was heißt großer Stil? Großer Stil heißt soviel, wie vorbeigehen an allem, was die Menschen eigentlich interessiert. Christine Munk interessiert uns, und ihre Verstimmung interessiert uns, und was dieser Verstimmung an jenem denkwürdigen Abend folgte, das interessiert uns noch viel mehr ...«

»Und am meisten interessiert uns Fräulein Ebba in ihrer übermütigen Laune ...«

»Von der ich in diesem Augenblicke vielleicht weniger habe als sonst. Soweit ich ernsthaft sein kann, so weit bin ich es. Jedenfalls aber behaupte ich mit jedem erdenklichen Grade von Ernst und Aufrichtigkeit und will in jeder Mädchenpension darüber abstimmen lassen, daß König Heinrich VIII. mit seinen sechs Frauen alle Konkurrenz ›großen Stils‹ aus dem Felde schlägt und nicht wegen der paar Enthauptungen, die finden sich auch anderswo, sondern wegen der intrikaten Kleinigkeiten, die diesen Enthauptungen vorausgingen. Und nach Heinrich VIII. kommt Maria Stuart, und nach ihr kommt Frankreich mit seiner Fülle der Gesichte, von Agnes Sorel an bis auf die Pompadour und Dubarry, und dann kommt Deutschland noch lange nicht. Und als allerletztes kommt Preußen, Preußen mit seinem großen Manko auf diesem Gebiet, mit dem es auch zusammenhängt, daß einige Schriftstellerinnen von Genie dem großen Friedrich ein halbes Dutzend Liebesabenteuer angedichtet haben, alles nur, weil sie ganz richtig fühlten, daß es ohne dergleichen eigentlich nicht geht.«

Pentz nickte zustimmend, während Holk den Kopf hin und her wiegte.

»Sie drücken Zweifel aus, Graf, vor allem vielleicht einen Zweifel an meiner Überzeugung. Aber es ist, wie ich sage. Großer Stil! Bah, ich weiß wohl, die Menschen sollen tugendhaft sein, aber sie sind es nicht, und da, wo man sich drin ergibt, sieht es im ganzen genommen besser aus als da, wo man die Moral bloß zur Schau stellt. Leichtes Leben verdirbt die Sitten, aber die Tugendkomödie verdirbt den ganzen Menschen.«

Und als sie so sprach, fiel aus einem der die Tafel umstehenden Tannenbäumchen ein Wachsengel nieder, just da, wo Pentz saß. Der nahm ihn auf und sagte: »Ein gefallener Engel; es geschehen Zeichen und Wunder. Wer es wohl sein mag?«

»Ich nicht«, lachte Ebba.

»Nein«, bestätigte Pentz, und der Ton, in dem es geschah, machte, daß sich Ebba verfärbte. Aber ehe sie den Übeltäter dafür abstrafen konnte, ward es hinter der Tannen- und Zypressenwand wie von trippelnden Füßen lebendig. Zugleich wurden Anordnungen laut, wenn auch nur mit leiser Stimme gegeben, und alsbald intonierten Kinderstimmen ein Lied, und ein paar von Schleppegrell zu dieser Weihnachtsvorfeier gedichtete Strophen klangen durch die Halle.

> »Noch ist Herbst nicht ganz entflohn,
> Aber als Knecht Ruprecht schon
> Kommt der Winter hergeschritten,
> Und alsbald aus Schnee's Mitten
> Klingt des Schlittenglöckleins Ton.
>
> Und was jüngst noch, fern und nah,
> Bunt auf uns herniedersah,
> Weiß sind Türme, Dächer, Zweige,
> Und das Jahr geht auf die Neige,
> Und das schönste Fest ist da.

Tag du der Geburt des Herrn,
Heute bist du uns noch fern,
Aber Tannen, Engel, Fahnen
Lassen uns den Tag schon ahnen,
Und wir sehen schon den Stern.«

Aus: *Unwiederbringlich*. Überschrift v. Hrsg.

An Mathilde von Rohr

Berlin 3. Januar 83. Potsd. Str. 134.c.

Mein gnädigstes Fräulein.

Die Festtage liegen zurück, das Rehziemer ist verzehrt und die Marzipankiste für die Zeiten eines beßren Magens bei Seite gestellt, – da geziemt sich's nun Briefe zu schreiben und Dank auszusprechen, zuvörderst an Sie, mein hochverehrtes gnädigstes Fräulein, denn ich bin mit allem Möglichen tief in Ihrer Schuld.

Ein längerer Brief von Ihnen, den ich schon etwa Mitte Dezember erhielt, hat mich sehr beglückt. Sie sprachen sich darin über meinen Schach aus und in einer Weise, die weit über meine Erwartungen hinausging. Alles Lob thut wohl; an *Ihrer* Zustimmung aber mußte mir in diesem Falle ganz besonders gelegen sein, schuld' ich Ihnen doch den ganzen Stoff; ohne *Ihre* Erzählung existirte auch die meinige nicht.

Mit dem Beifall, den Schach im Publikum und in der Presse gefunden hat, kann ich zufrieden sein, *eine* der Kritiken (im ›Magazin f. d. Literatur des In- und Auslandes‹) geb' ich gleichzeitig mit diesen Zeilen zur Post. Fast noch wichtiger ist mir *das*, daß mir Landgerichts-Direktor Lessing, der reiche Besitzer der Voss. Ztng., einen liebenswürdigen Brief geschrieben, mir seinen Dank ausgesprochen und für nächsten Sommer, 83, etwas ähnlich Novellistisches von mir eingefordert hat, aber über dies schließlich doch immer nur bescheidene Maaß von Glück und Anerkennung werd' ich schwerlich hinauskommen. Ein *wirklicher* Erfolg war mir nie beschieden und wird mir auch nicht mehr beschieden werden. Ich muß mich einrichten mit Lebenslotterie-Gewinnen von 50 Thalern. Je länger ich das Leben beobachte, je deutlicher seh' ich, daß dem Einzelnen mit einer eisernen Consequenz des Schicksals das Eine gegeben, das Andre versagt wird; der eine spekulirt immer glücklich, der andre immer unglücklich; der eine liebt immer glücklich, der andre immer unglücklich; der eine reist dreimal um die Welt ohne Unfall, der andre trifft es bei jeder Ausfahrt so, daß ein Rad bricht oder ein Pferd durchgeht oder doch wenigstens daß es mit Mollen gießt. Und nach diesem Unwandelbarkeits-Gesetz ist auch über mein Bücher-Glück und Unglück ein für allemal entschieden: ich werde immer einen mäßigen Anstands-Erfolg erzielen; aber nie mehr. Auch bei Schach wird sich dies wieder zeigen; die 2. Auflage war schnell da, aber darüber hinaus wird es wohl nicht kommen. Der Buchhändler und das Publikum wenden sich schnell andern Göttern zu. Alles lebt nur auf 8 Tage.

Die Festtage, trotzdem uns nichts eigentlich quälte und drückte, waren nicht recht froh. Meine Frau schob es darauf, daß ich *alle die Festtage durch* bis zum 31., wo ich dann um 7 Uhr ins Theater (Sylvester-Vorstellung) stürzte, angestrengt arbeiten mußte; aber das ist Täuschung. Der eigentliche Grund, der keine rechte Lustigkeit aufkommen läßt, ist der, daß in unsren sämmtlichen Herzen keine Lustigkeit existirt; alles ist unter dem Druck von irgend etwas Lästigem, Unangenehmen; die Kinder – mit alleiniger Ausnahme von Friedel, der einen gütigen, theilnahmevollen, liebenswürdigen Charakter hat – sind, im letzten Winkel ihres Herzens, alle über ›die kleinen Lebensverhältnisse‹ verstimmt; alle drei sagen sich beständig ›Gott, es ist doch aber auch ein Pech, daß *wir* gerade so arme Eltern haben müssen‹; sie übersehen das tausendfältig Gute, das sie haben, und kommen zu keiner ächten und tiefen Anerkennung meiner Bestrebungen, weil ihnen die relative Resultatlosigkeit dieser Bestrebungen unbequem ist. Meine Frau ist darin viel verständiger und viel liebenswürdiger geartet (überhaupt die Beste von der ganzen Gesellschaft, mich mit eingerechnet) und leidet nur ihrerseits wiederum unter ihrer großen körperlichen Gebrechlichkeit. Ich, trotz aller Arbeit (oder vielleicht *durch* die Arbeit) bin der einzig oft wirklich Heitre, und würde dieser Heiterkeit auch Ausdruck geben, wenn mich nicht die tief-innerlichste *Nicht*-Heiterkeit der Kinder um diese meine Heiterkeit brächte. Das Maaß von

Verkehrtheit und Undankbarkeit, das darin liegt, aergert mich. Keins der Kinder hat je scharf zugefaßt und gesagt: ›*so* soll es sein; *das* übernehm' ich, *das* ist nun *meine* Sache‹ – alle leben ganz ausschließlich nach ihrem Penchant. Dieser Penchant ist nicht schlecht, sie verlangen keine Dummheiten, sie sind nicht faul – aber jeder folgt nur seiner Laune, seiner Natur, keiner hat eine höhere Vorstellung von *Pflicht*. Sie thuen dies und das, auch Gutes und Verständiges, aber so wie es anfängt, ihnen im Kleinsten unbequem zu werden, ist es damit vorbei. Vielleicht war ich ebenso, vielleicht sind die meisten Menschen so; aber jedenfalls giebt es auch andre, die voll *Kraft und Muth* nicht blos der eignen Neigung, sondern auch einer wirklich schönen, über das *Ich* hinausgehenden Aufgabe leben. Die Beobachtung dieser Dinge rund um mich her, ist mir mitunter schmerzlich, und kann einem das ganze Menschenthum, man selbst mit eingerechnet, verleiden.

———

Die Arbeit, die mich während der Feiertage und auch schon die Wochen vorher beschäftigte, hieß ›Dreilinden‹, das vielgenannte Wald- und Jagdhaus des Prinzen Friedrich Karl. Ich bin neugierig wie der Prinz die Arbeit aufnehmen wird; er reiste gerade ab, als das 1. Kapitel erschien.

In den nächsten Tagen fang' ich nun an meine Novelle ›Graf Petöfy‹ (für ›Ueber Land und Meer‹ bestimmt) zu corrigiren; es wird wohl – selbst wenn ich leidlich gesund bleibe – bis in den Mai hinein dauern. Ende Mai geh ich dann wieder in den Harz, wohin ich mich immer wieder sehne.

Meine Frau und Martha empfehlen sich Ihnen angelegentlichst. In Dankbarkeit und herzlicher Ergebenheit, mein gnädigstes Fräulein, Ihr

Th. Fontane.

Das Geschenk

»Schade, daß Sie nur einen Tag für Stechlin festgesetzt haben, sonst müßten Sie das Gut sehen. Alles ganz eigentümlich und besonders auch ein Grabstein, unter dem eine uralte Dame von beinah neunzig Jahren begraben liegt, eine geborne von Zeuner, die sich in früher Jugend schon mit einem Emigranten am Rheinsberger Hof, mit dem Grafen La Roche-Aymon, vermählt hatte. Merkwürdige Frau, von der ich Ihnen erzähle, wenn ich Sie mal wiedersehe. Nur eins müssen Sie heute schon mit anhören, denn ich glaube, Sie haben den Gustus dafür.«

»Für alles, was Sie erzählen.«

»Keine Schmeicheleien! Aber die Geschichte will ich Ihnen doch als Andenken mitgeben. Andre schenken sich Photographien, was ich, selbst wenn es hübsche Menschen sind (ein Fall, der übrigens selten zutrifft), immer greulich finde.«

»Schenke nie welche.«

»Was meine Gefühle für Sie steigert. Aber die Geschichte: Da war also drüben in Köpernitz diese La Roche-Aymon, und weil sie noch die Prinz Heinrich-Tage gesehen und während derselben eine Rolle gespielt hatte, so zählte sie zu den besonderen Lieblingen Friedrich Wilhelms IV. Und als nun – sagen wir ums Jahr fünfzig – der Zufall es fügte, daß dem zur Jagd hier erschienenen König das Köpernitzer Frühstück, ganz besonders aber eine Blut- und Zungenwurst über die Maßen gut geschmeckt hatte, so wurde dies Veranlassung für die Gräfin, am nächsten Heiligabend eine ganze Kiste voll Würste nach Potsdam hin in die königliche Küche zu liefern. Und das ging so durch Jahre. Da beschloß zuletzt der gute König, sich für all die gute Gabe zu revanchieren, und als wieder Weihnachten war, traf in Köpernitz ein Postpaket ein, Inhalt: eine zierliche kleine Blutwurst. Und zwar war es ein wunderschöner, rundlicher Blutkarneol mit Goldspeilerchen an beiden Seiten und die Speilerchen selbst mit Diamanten besetzt. Und neben diesem Geschenk lag ein Zettelchen: ›Wurst wider Wurst.‹«

Aus: Der Stechlin. Überschrift v. Hrsg.

'ne gute Nachricht

Den Weihnachtsabend verbrachte Woldemar am Kronprinzen-ufer. Auch Wrschowitz und Cujacius – von denen jener natür-lich unverheiratet, dieser wegen beständiger Streiterei von seiner Frau geschieden war – waren zugegen. Cujacius hatte gebeten, ein Krippentransparent malen zu dürfen, was denn auch, als es erschien, auf einen Nebentisch gestellt und allseitig bewundert wurde. Die drei Könige waren Porträts: der alte Graf, Cujacius selbst und Wrschowitz (als Mohrenkönig); letzterer, trotz Woll-haar und aufgeworfener Lippe, von frappanter Ähnlichkeit. Auch in der Maria suchte man nach Anlehnungen und fand sie zuletzt; es war Lizzi, die, wie so viele Berliner Kammerjungfern, einen sittig verschämten Ausdruck hatte. Nach dem Tee wurde musiziert, und Wrschowitz spielte – weil er dem alten Grafen eine Aufmerksamkeit zu erweisen wünschte – die Polonaise von Oginski, bei deren erster, nunmehr um siebzig Jahre zurücklie-genden Aufführung, einem alten on dit zufolge, der polnisch gräfliche Komponist im Schlußmomente sich erschossen haben sollte. Natürlich aus Liebe. »Brav, brav«, sagte der alte Graf und war, während er sich beinah überschwenglich bedankte, so sehr aus dem Häuschen, daß Wrschowitz schließlich schelmisch be-merkte: »Den Piffpaffschluß muß ich mir versagen, Herr Graff, trotzdem meine Vererrung (Blick auf Armgard) serr groß ist, fast so groß wie die Vererrung des Herrn Grafen vor Graff Oginski.«
So verlief der Heiligabend.

Schon vorher war man übereingekommen, am zweiten Feier-tage zu dritt einen Ausflug nach Stechlin zu machen, um dort die künftige Schwiegertochter dem Schwiegervater vorzustellen. Noch am Christabend selbst, trotzdem Mitternacht schon vor-über, schrieb denn auch Woldemar einige Zeilen nach Stechlin hin, in denen er sich samt Braut und Schwägerin für den zweiten Feiertagabend anmeldete.

Rechtzeitig trafen Woldemars Zeilen in Stechlin ein. »Lieber Papa. Wir haben vor, am zweiten Feiertage mit dem Spätnachmittagszuge von hier aufzubrechen. Wir sind dann um sieben auf dem Granseer Bahnhof und um neun oder nicht viel später bei Dir. Armgard ist glücklich, Dich endlich kennenzulernen, *den* kennenzulernen, den sie seit lange verehrt. Dafür, mein lieber Papa, hab' ich Sorge getragen. Graf Barby, der nicht gut bei Wege ist, was ihn hindert mitzukommen, will Dir angelegentlich empfohlen sein. Desgleichen Gräfin Ghiberti, die uns als Dame d'honneur begleiten wird. Armgard ist in Furcht und Aufregung wie vor einem Examen. Sehr ohne Not. Kenn' ich doch meinen Papa, der die Güte und Liebe selbst ist. Wie immer Dein Woldemar.«

Engelke stand neben seines Herrn Stuhl, als dieser die Zeilen halblaut, aber doch in aller Deutlichkeit vorlas. »Nun, Engelke, was sagst du dazu?«

»Ja, gnäd'ger Herr, was soll ich dazu sagen. Es is ja doch, was man so 'ne ›gute Nachricht‹ nennt.«

»Natürlich is es 'ne gute Nachricht. Aber hast du noch nicht erlebt, daß einen gute Nachrichten auch genieren können?«

»Jott, gnäd'ger Herr, ich kriege keine.«

»Na, denn sei froh; dann weißt du nicht, was ›gemischte Gefühle‹ sind. Sieh, ich habe jetzt gemischte Gefühle. Da kommt nun mein Woldemar. Das is gut. Und da bringt er seine Braut mit, das is wieder gut. Und da bringt er seine Schwägerin mit, und das is wahrscheinlich auch gut. Aber die Schwägerin ist eine Gräfin mit einem italienischen Namen, und die Braut heißt Armgard, was doch auch schon sonderbar ist. Und beide sind in England geboren, und ihre Mutter war aus der Schweiz, von einer Stelle her, von der man nicht recht weiß, wozu sie gehört, weil da alles schon durcheinander geht. Und überall haben sie Besitzungen, und Stechlin ist doch bloß 'ne Kate. Sieh, Engelke, das is genierlich und gibt das, was ich ›gemischte Gefühle‹ nenne.«

»Nu ja, nu ja.«

»Und dann müssen wir doch auch repräsentieren. Ich muß ihnen doch irgendeinen Menschen vorsetzen. Ja, wen soll ich ihnen vorsetzen? Viel is hier nich. Da hab' ich Adelheiden. Natürlich, die muß ich einladen, und sie wird auch kommen, trotzdem Schnee gefallen ist; aber sie kann ja 'nen Schlitten nehmen. Vielleicht ist ihr Schlitten besser als ihr Wagen. Gott, wenn ich an das Verdeck denke mit der großen Lederflicke, da wird mir auch nicht besser. Und dabei denkt sie, ›sie is was‹, was am Ende auch wieder gut is, denn wenn der Mensch erst denkt, ›es is gar nichts mit ihm‹, dann is es auch nichts.«

»Und dann, gnäd'ger Herr, sie is ja doch 'ne Domina und hat 'nen Rang. Und ich hab' auch mal gelesen, sie sei eigentlich mehr als ein Major.«

»Na, jedenfalls ist sie mehr als ihr Bruder; so'n vergessener Major is ein Jammer. Aber Adelheid selbst, so aufn ersten Anhieb, is auch bloß soso. Wir müssen jedenfalls noch wen dazu haben. Schlage was vor. Baron Beetz und der alte Zühlen, die die besten sind, die wohnen zu weit ab, und ich weiß nicht, seit wir die Eisenbahnen haben, laufen die Pferde schlechter. Oder es kommt einem auch bloß so vor. Also die guten Nummern fallen aus. Und da sind wir denn wieder bei Gundermann.«

»Ach, gnäd'ger Herr, den nich. Un er soll ja auch so zweideutig sein. Uncke hat es mir gesagt; Uncke hat freilich immer das Wort ›zweideutig‹. Aber es wird wohl stimmen. Un dann die Frau Gundermann. Das is 'ne richtige Berlinsche. Verlaß is auf ihm nich und auf ihr nich.«

»Ja, Engelke, du sollst mir helfen und machst es bloß noch schlimmer. Wir könnten es mit Katzler versuchen, aber da ist das Kind krank, und vielleicht stirbt es. Und dann haben wir natürlich noch unsern Pastor; nu der ginge, bloß daß er immer so still dasitzt, wie wenn er auf den Heiligen Geist wartet. Und mitunter kommt er; aber noch öfter kommt er nicht. Und solche Herrschaften, die dran gewöhnt sind, daß einer in einem fort was Feines sagt, ja, was sollen die mit unserm Lorenzen? Er ist ein Schweiger.«

»Aber er schweigt doch immer noch besser, als die Gunder-mannsche red't.«

»Das is richtig. Also Lorenzen, und vielleicht, wenn das Kind sich wieder erholt, auch Katzler. Ein Schelm gibt mehr, als er hat. Und dann, Engelke, solche Damen, die überall rum in der Welt waren, da weiß man nie, wie der Hase läuft. Es ist möglich, daß sie sich für Krippenstapel interessieren. Oder höre, da fällt mir noch was ein. Was meinst du zu Koseleger?«

»Den hatten wir ja noch nie.«

»Nein, aber Not lehrt beten. Ich mache mir eigentlich nicht viel aus ihm, indessen is und bleibt er doch immer ein Superin-tendent, und das klingt nach was. Und dann war er ja mit 'ner russischen Großfürstin auf Reisen, und solche Großfürstin is ei-gentlich noch mehr als 'ne Prinzessin. Also sprich mal mit Kluckhuhn, der soll 'nen Boten schicken. Ich schreibe gleich 'ne Karte.«

Katzler sagte ab oder ließ es doch unbestimmt, ob er kommen könne, Koseleger dagegen, was ein Glück war, nahm an, und auch Schwester Adelheid antwortete durch den Boten, den Dubslav geschickt hatte: »daß sie den zweiten Feiertag in Stechlin ein-treffen und soweit wie dienlich und schicklich nach dem Rech-ten sehen würde«. Adelheid war in ihrer Art eine gute Wirtin und stammte noch aus den alten Zeiten, wo die Damen bis zum »Schlachten« und »Aalabziehen« herunter alles lernten und alles konnten. Also nach dieser Seite hin entschlug sich Dubslav jeder Befürchtung. Aber wenn er sich dann mit einem Male vergegen-wärtigte, daß es seiner Schwester vielleicht in den Sinn kommen könne, sich auf ihren Uradel oder auf die Vorzüge sechshundert-jähriger märkischer »Eingesessenheit« zu besinnen, so fiel alles, was er sich in dem mit Engelke geführten Gespräch an Trost zu-gesprochen hatte, doch wieder von ihm ab. Ihm bangte vor der Möglichkeit einer seitens seiner Schwester »aufgesetzten hohen Miene« wie vor einem Gespenst, und desgleichen vor der Ko-stümfrage. Wohl war er sich, ob er nun seine rote Landstandsuniform oder seinen hochkragigen schwarzen Frack anlegte, seiner eignen altmodischen Erscheinung voll bewußt, aber nebenher, was seine Person anging, doch auch wieder einer gewissen Patriarchalität. Einen gleichen Trost konnt' er dem äußern Menschen seiner Schwester Adelheid nicht entnehmen. Er wußte genau, wie sie kommen würde: schwarzes Seidenkleid, Rüsche mit kleinen Knöpfelchen oben und die Sieben-Kurfürsten-Brosche. Was ihn aber am meisten ängstigte, war der Moment nach Tisch, wo sie, wenn sie sich einigermaßen behaglich zu fühlen anfing, ihre Wutzer Gesamtchaussure auf das Kamingitter zu stellen und die Wärme von unten her einzusaugen pflegte.

Gleich nach sieben trafen Woldemar und die Barbyschen Damen auf dem Granseer Bahnhof ein und fanden Martin und den Stechlinschen Schlitten vor, letzterer insoweit ein Prachtstück, als er ein richtiges Bärenfell hatte, während andrerseits Geläut und Schneedecken und fast auch die Pferde mehr oder weniger zu wünschen übrigließen. Aber Melusine sah nichts davon und Armgard noch weniger. Es war eine reizende Fahrt; die Luft stand, und am stahlblauen Himmel oben blinkten die Sterne. So ging es zwischen den eingeschneiten Feldern hin, und wenn ihre Kappen und Hüte hier und dort die herniederhängenden Zweige streiften, fielen die Flocken in ihren Schlitten. In den Dörfern war überall noch Leben, und das Anschlagen der Hunde, das vom nächsten Dorf her beantwortet wurde, klang übers Feld. Alle drei Schlitteninsassen waren glücklich, und ohne daß sie viel gesprochen hätten, bogen sie zuletzt, eine weite Kurve machend, in die Kastanienallee ein, die sie nun rasch, über Dorfplatz und Brücke fort, bis auf die Rampe von Schloß Stechlin führte. Dubslav und Engelke standen hier schon im Portal und waren den Damen beim Aussteigen behilflich. Beim Eintritt in den großen Flur war für diese das erste, was sie sahen, ein mächtiger, von der Decke herabhängender Mistelbusch; zugleich schlug die Treppenuhr, deren Hippenmann wie verwundert und beinah verdrießlich auf die fremden Gäste herniedersah. Viele Lichter brannten, aber es wirkte trotzdem alles wie dunkel. Woldemar war ein wenig befangen, Dubslav auch. Und nun wollte Armgard dem Alten die Hand küssen. Aber das gab diesem seinen Ton und seine gute Laune wieder. »Umgekehrt wird ein Schuh draus.«

»Und zuletzt ein Pantoffel«, lachte Melusine.

Aus: Der Stechlin. Überschrift v. Hrsg.

Zum »Pfefferkuchenabend« bei Beutners
(29. Dezember 1863)

Sie saßen plaudernd bei Brot und Wein,
Sieben Freunde und Genossen;
Es war schon manches, groß und klein,
Über Herz und Lippe geflossen.

Da sprach der eine: »Ich tät' schon lang
Nach einem Aufschluß suchen,
Wie kam nur zu so hohem Rang
Der braune Pfefferkuchen?«

Da sprach der andre: »Mit etwas Verstand
Ist die Antwort gar nicht zu missen:
Wer würde von ›Theodor Hildebrandt‹
In der Welt sonst etwas wissen.«

Der dritte sagte: »Ich weiß es genau« –
Und er flüsterte leis wie ein Mäuschen:
»Es ist von wegen der alten Frau
In dem Pfefferkuchenhäuschen.«

Der viert' und der fünfte, die fanden nichts,
Und, um doch was zu sprechen,
Versuchten sie wichtigen Angesichts
Sich an dem *Objekt* zu rächen.

Sie sagten betont und etwas spitz,
Als schössen sie ab einen Treffer:
»Des Pfefferkuchens ganzer Witz
Ist, daß er ohne Pfeffer.«

Der sechste sah es als Künstler an,
Vielleicht auch war es Sarkastik:
»Der Pfennig-Pfefferkuchenmann
Ist die freundlichste Form der Plastik.«

Drauf der letzte, in Partizipialkonstruktion,
Sprach: »Mir all nicht gefallen habend –
Des Pfefferkuchens Zweck und Lohn
Ist der *Pfefferkuchenabend*.«

An Friedrich Fontane

Berlin, d. 23. Dezember 1884.

Mein lieber Friedel.

Mamas Weihnachtskiste ist hoffentlich schon in Deinen Händen, und von mir sollen Dir wenigstens die herzlichsten Wünsche nicht fehlen. Ich denke mir, daß Du morgen, den Tag über, noch viel zu tun haben und den Abend halb bei Deinem Chef, halb bei Baltzens (denen wir uns angelegentlichst empfehlen) zubringen wirst. Wo's aber auch sei, sei heiter und vergnügt und nimm teil an der Freude der andern. Dabei fällt dann immer auch etwas eigne Freude ab.

Hier sieht es leidlich aus; das polnische Mädchen, das wir haben, befriedigt zwar nur unvollkommen, aber als Polin kann sie wenigstens Karpfen kochen, was ja in der Weihnachtszeit etwas bedeutet. Gestern hat sie sich dadurch in momentane Gunst hineingekocht. George ist seit drei Tagen hier und in ganz guter Stimmung; heute abend übersiedelt er in die kleine Stube von Mutter Kerckow. Mete war, so lange George hier ist, bei M.s; heute abend zieht sie wieder in ihr Stammquartier ein. Theo weiß noch immer nicht, wann sein Examen stattfinden wird; ich denke mir, Mitte Januar. Mama, trotzdem sie sich sehr quälen muß, ist ausreichend bei Wege; vorgestern war sie bei Wilhelm Hertz in der Behrenstraße und kam leidlich befriedigt wieder nach Hause. Von Steffens habe ich für ein paar Freunde einige Petöfy-Exemplare besorgt; das einzige bewährte Mittel zum Absatz meiner Bücher – ich muß sie selber kaufen. *Julius Wolff* ist in vier Wochen schon wieder bis an 12- oder 15 000 'ran; Gott gibt es den Seinen im Schlaf. Und wer diese Höhe 'mal erreicht hat, der kann sie nie wieder ganz verlieren, auch wenn er das Dümmste schreibt. Es wird dann wohl etwas weniger und die 15 000 schrumpfen zu 10- und 5000 zusammen, aber eine gewisse Präponderanz bleibt für Lebenszeit. Nachher aber ist es egal, und in der Literaturgeschichte scheint die Sonne über Gerechte und Ungerechte; jeder kriegt seine zwei Zeilen.

Nochmals: habe einen frohen Tag, einen glücklichen Abend. Bei dem bekannten Sherrypunsch, wo wir Dich und Deine Rede vermissen werden, werden wir Deiner in Liebe gedenken.

Wie immer Dein alter

Papa.

Malchow
Eine Weihnachtswanderung

Staub wird zu Staub
Und Ruhm und Name der Zeiten Raub.
*
Der Deutsche lügt, wenn er höflich ist.

Der Herbst färbte schon die Blätter, und die Störche mochten
sich eben auf die Lehmhütten der Fellahs niedergelassen haben,
als mir ein gelbes Buch zu Händen kam, das auf seinem Um-
schlag, außer dem zum Licht emporstrebenden Adler der Firma
Duncker u. Humblot, auch noch den Titel führte: »*Paul von
Fuchs,* ein brandenburgisch-preußischer Staatsmann vor zwei-
hundert Jahren. Biographischer Essay von F. v. Salpius.« Und
am Schlusse dieses Buches hieß es nicht dem Wortlaute, wohl
aber dem wesentlichen Inhalte nach, wie folgt:
»Am 7. August 1704 verschied Paul von Fuchs, Geheimrat
und Etatsminister, auf seinem Gute *Malchow* bei Berlin, das er
schon 1684 durch Tausch an sich gebracht und allwo er ein ›ar-
tiges Haus‹ für sich und seine Familie hergerichtet hatte. Der
König pflegte ihn von dem nahe gelegenen Nieder-Schönhausen
aus häufiger auf diesem seinem Landsitze zu besuchen. Auch an
jenem 7. August war ein solcher Besuch beabsichtigt, aber unterwegs schon erfuhren Ihre Majestät den Tod ihres treuen Die-
ners. Paul v. Fuchs war in seinem vierundsechzigsten Jahre ver-
storben. Johann Porst, dazumalen Pfarrer zu Malchow – später
Dompropst und Beichtvater der Königin, bekannt als Heraus-
geber des Porstschen Gesangbuches – hielt eine Predigt zum
Gedächtnis des Heimgegangenen, darinnen es hieß, daß er ›seine
dauerhaften Kräfte und beständige Gesundheit zum Heil des
Landes und Wohlsein der Kirche aufgeopfert habe.‹ Bald darauf
wurde der Sarg in der Gruft zu Malchow beigesetzt und steht
ebendaselbst zwischen den Särgen seiner vor ihm gestorbenen

Schwiegertochter und seiner zweiten Frau ›née de Friedeborn‹. Das Fuchssche Wappen aber befand sich noch bis 1874 am herrschaftlichen Stuhl der Kirche.«

Wer sich auf Urnen und Totenköpfe versteht und überhaupt nur ein Äderchen von einem Sammler oder Altertümler in sich hat, begreift daß diese Notiz eine gewisse Malchow-Sehnsucht in mir wecken und eine »Wanderung« dahin zu einer bloßen Frage der Zeit machen mußte. Mit dem ersten Maienschein, an grünen Saaten vorbei, hofft' ich den Ausflug unternehmen und nach »manch verborgenem Schatz« ausschauen zu können. Aber es war anders beschlossen und aus einer Wanderung bei Finkenschlag und Apfelblüte wurd' eine Wanderung bei Nordwest und Schneegestöber: eine *Weihnachtswanderung*.

✳

Eine Wanderung nach Malchow, so kurz sie ist, gliedert sich nichtsdestoweniger in drei streng geschiedene Teile: *Omnibusfahrt* bis auf den Alexanderplatz, *Pferdebahn* bis Weißensee, und *per pedes apostolorum* bis nach Malchow selbst. Und so vollzog es sich auch. Auf dem Alexanderplatz regierten bereits die fliegenden Söhlkes mit dem »Schäfchen« und dem »Schaukelmann«, dessen Birnen sich noch gerade so gelb und rot gesprenkelt zeigten wie vor fünfzig Jahren in den Tagen meiner eigenen Kindheit; in dem Pferdebahnwagen aber in den ich einstieg, war es als wäre der Weihnachtsmann mit oder vor mir eingestiegen und gedenke seinen Einzug in Weißensee zu halten. Alle Plätze voller Kinder mit ihren Schulmappen auf dem Rücken, und hinten und vorn im Wagen, und vor allem obenauf, ganze Büsche von Weihnachtsbäumen. Das war das Vergnügen an der Fahrt, viel vergnüglicher als die Vergnügungslokale, die mit ihren grasgrünen Staketenzäunen halbverschneit am Wege lagen.

Endlich hielten wir am Ende des Dorfes und der Umspannungsmoment war nun für mich da: Schusters Rappen mußt'

aus dem Stall. Er war's auch zufrieden, und willig und guter
Dinge zog ich »fürbaß«, unangefochten von der Öde der Landschaft. Aus den Schneemassen, die die Felder zu beiden Seiten
deckten, wuchsen nur ein paar vertrocknete Grashalme auf und
zitterten im Winde, während die Chausseepappeln wie nach
oben gekehrte Riesenbesen dastanden. Aber so trist und öde die
Landschaft war, so voller Leben war die große Straße darauf ich
ging, denn in langer Reihe folgten sich die Gespanne, die von
den benachbarten Seen her hochaufgetürmte Eismassen zur
Stadt fuhren.

»Nach Malchow?« fragt' ich, um mich des Weges zu verge-
wissern.

»Joa; 't nächste Dörp.«

Und in der Tat, nicht lange so wurd auch der kurze Laternen-
turm zwischen den Pappelweiden sichtbar und unter einem
Schlagbaume fort, der hier noch aus den Tagen der Hebestellen
her sein Dasein fristete, hielt ich meinen Einzug.

»Wo wohnt der Lehrer?«

Ein junges Frauenzimmer, an das ich die Frage gerichtet hatte,
trat mit einer für märkische Verhältnisse bemerkenswerten
Raschheit von der Hausschwelle her auf den Damm und sagte:
»Da; das rote Haus.«

»Gegenüber der Kirche?«

»Ja.«

Und damit schloß unser Gespräch. Ich dankte für gütigen Be-
scheid und schritt auf das rote Haus zu, freudig gehoben in meinem Gemüt und wie Ibykus »des Gottes voll.« Nicht gerade von
Liedern, aber doch von Hoffnungen und Bildern. Ich sah schon
die verfallene Grufttreppe samt den drei Särgen vor mir und las
dem alten Minister seine mit ins Grab genommenen Geheim-
nisse von der Stirn herunter. Entdeckungen schossen auf wie die
Knospen nach einem Frühlingsregen.

Und so stand ich vor *maison rouge*.

»Kann ich den Herrn *Kantor* sprechen?«

Ich griff absichtlich nach dieser höheren Titulatur.

Ein Hin- und Herlaufen entstand infolge meiner Frage, zuletzt aber erschien ein kleiner Herr mit intelligenten Augen und milzfarbenem Teint, um nach meinem Begehr zu fragen.

»Es handelt sich für mich« hob ich, den Hut ziehend, mit aller mir zuständigen Artigkeit an »um den Staatsminister von Fuchs. In der Gruft Ihrer Kirche …«

»Ist zugeschüttet.«

Ich war einen Augenblick decontenanciert, mehr noch durch den Ton als durch den Inhalt dieser zwei Donnerworte. Wer aber weiß, daß das Menschenherz nicht gerne von Lieblingsvorstellungen läßt und nach dem Hinschwinden von Dingen und Ereignissen sich schließlich auch mit Betrachtung ihres bloßen *Schauplatzes* zufriedengibt, der wird es begreiflich finden, daß ich nicht ohne weiteres das Feld zu räumen Lust hatte. Konnt' ich nicht die Gruft haben, so wollt' ich wenigstens die Gruft*stelle* haben, und so rekolligiert' ich mich und sagte: »Wie schade. Dann bitt' ich Sie, mir wenigstens die Kirche zeigen zu wollen.«

»Ich kann nur wiederholen«, klang es jetzt unter immer sichtbarer werdenden Zeichen von Ungeduld »daß die Gruft zugeschüttet ist. In der Kirche selbst befindet sich nichts. Ein Besuch würde mithin ohne Resultat für Sie verlaufen. Auch hab' ich Schule.«

»Sie mißverstehen mich. Es liegt mir fern, Sie persönlich inkommodieren zu wollen. Aber ich komme bei Wind und Wetter von Berlin und bitte Sie deshalb mir durch irgend jemand die Kirchentür aufschließen zu lassen.«

»Durch wen?«

»Vielleicht durch ein Kind oder eine Magd.«

»Hab ich nicht.«

Und nach dieser Schlußbemerkung zog er sich intelligenter und milzfarbener als vorher in seine Schulstube zurück.

Mein *erstes* war ein heißes Dankgefühl dafür, zu keiner Zeit, am wenigsten aber in der jetzigen, auf der Malchower Schulbank gesessen zu haben; mein *zweites:* Haß und Rache. Die ganze

Reihe der Schulmeister durchgehend, deren Bekanntschaft ich in Leben oder Dichtung je gemacht hatte, konnt' ich doch keinen finden, der mir – mit alleiniger Ausnahme des *maître d'école* in den »Geheimnissen von Paris« – gleich verabscheuungswürdig erschienen wäre. Ja, meine Neigung zu generalisieren und vom Einzelfall aufs Ganze zu gehen, ließ mich augenblicks wieder die Frage stellen, ob ein solches, aus bloßem verschrobenen Dünkel hervorgegangenes Benehmen unter andern Völkern überhaupt möglich sei? »Nein«, sagt' ich mir, »unter den Romanen gewiß nicht.« Aber inmitten all meiner Verwünschungen mußt' ich doch plötzlich der Auslassungen eines alle Wechselfälle des Lebens unter die statistisch-philosophische Lupe nehmenden Freundes gedenken, der mir einmal gesagt hatte: »Sehen Sie, Freund, auch in den Zufällen und Unglücksfällen waltet ein Gesetz. So verfolg' ich beispielsweise die Theaterbrände. Alle funfzehn Jahre brennt ein großes Theater ab. Nicht öfter, aber auch nicht weniger oft.« Und nun entsann ich mich des wenigstens für mich kaum minder interessanten und kaum minder wichtigen Punktes, gerade funfzehn Jahre lang immer nur an *freundliche* Schulhäuser angeklopft zu haben. Was war es denn also groß? Der Ausnahmefall war in sein geheimnisvolles Recht getreten; das Gesetz vollzog sich. Die funfzehn Jahre waren um, und mein »Theaterbrand« war da. Das gab mir die gute Laune wieder, und ich beschloß »in Sachen der Gruft« einfach an die höhere Instanz des Pfarrhauses zu appellieren.

Wenige Schritte führten mich auf den Hof desselben. Ein kleiner braunhaariger, übrigens ebenfalls intelligent aussehender Spitz, der um meine Stiefelschäfte herumbiß, ließ mich anfänglich in erzitterndem Herzen eine Wiederholung der Schulhausszene fürchten, aber kaum daß ich an dem kleinen, seiner dienstlichen Pflicht etwas zu streng obliegenden Wachtposten vorüber war, als mich auch schon das selten täuschende Gefühl durchdrang, in einen guten und sichern Hafen eingelaufen zu sein. Der Pfarrflur, des nahen Festes halber, war in eine große Plättkammer umgewandelt worden, in der eben die Bügeleisen über breite Gardinenflächen geschäftig hin und her gingen und den Raum mit einem warmen Wrasen füllten. Alles wirtschaftlich und wohltuend, vor allem auch die Temperatur. Ich fragte nach dem Pfarrer und schickte meine Karte hinein. Sehr bald kam Antwort, daß er beim Konfirmandenunterricht sei, mich aber bitten lasse, derweilen in sein Zimmer einzutreten. Und hier war ich denn nun und wartete.

Unter Umständen nichts angenehmer als solche Warte-Viertelstunden, in denen man die Geschichte des Hauses oder den Charakter seiner Bewohner von den Wänden liest. Denn nichts spricht deutlicher als Zimmereinrichtungen und selbst die nichtssagenden und modisch-indifferenten machen keine Ausnahme. Sie weisen dann eben auf nichtssagende und modisch-indifferente Leute hin. In der Studierstube zu Malchow aber war nichts indifferent, und die Grecborte der Gardinen, der gotisch geschnitzte Schlüsselkasten mit Bild und Spruch, dazu der über dem Sofa thronende Thorwaldsensche Christus inmitten der abgestuften Schar seiner Jünger, alles stimmte zu den hohen Bücherregalen, auf denen die theologischen und die Fritz Reuterschen Schriften in aller Friedlichkeit beisammenstanden. Und dazu die Kreuzzeitung auf dem Tisch, und ein Luftton, in welchem die Morgenzigarre nachdämmerte. Das märkische Pfarrhaus in seiner anspruchslosen und doch zugleich von Kunst und Schönheit leise berührten Behaglichkeit hatte nie lebendiger zu mir gesprochen.

Und so sollt' ich's bestätigt finden. Eine halbe Stunde später und der freundliche Pfarrer und seine noch freundlichere Frau saßen mit mir um den Kaffeetisch, und wieder noch ein Weilchen und jener bekannte Begegnungspunkt war gefunden, wo plötzlich von sieben Seiten her alle Wege zusammenlaufen und man nur noch verwundert ist, sich nicht vorher schon getroffen und die Hände geschüttelt zu haben. Und dazu die tiefere Lebensbetrachtung: »Wie klein ist doch die Welt.«

Ich glaube fast, ich war es selbst, der sich bis zu diesem Satze verstieg, und wer weiß, welche weiteren Stufen der Erkenntnis und Weisheit ich noch erklommen hätte, wenn nicht der Pfarrer eben jetzt auf die hinter den kahlen Kirschbäumen niedergehende Sonne gedeutet und mich dadurch an den Kirchgang und die v. Fuchssche Familiengruft erinnert hätte. So verabschiedeten wir uns denn bei der Frau Pfarrin und schlugen einen Richtweg ein, der uns erst über Gartenbeete, dann über verschneite Gräber fort bis an einen Seiteneingang der Kirche führte. Und nun öffnete sich die Tür und der Zugwind trieb über unsere Köpfe weg einen breiten Schneestreifen in die Kirche hinein. Ein fahles Rot stand noch in den Scheiben, gerade hell genug, um uns alles rundum erkennen zu lassen. Die Wände zeigten sich frisch getüncht, Orgel und Altar blank, und die Pfeiler mit vielen Bibelsprüchen bedeckt, aber das erste Gefühl, das ich angesichts dieser Herrlichkeit hatte, war doch das einer gewissen Beschämung und einer halben Aussöhnung mit dem *maître d'école* drüben. »Ihr Besuch würde resultatlos verlaufen«, waren seine gebildeten Worte gewesen, und er schien recht behalten zu sollen.

Es mochte sich etwas von Enttäuschung in meinem Gesichte spiegeln, weshalb der Prediger, als wir den Mittelgang halb hinauf waren, in freundlichstem Tone zu mir sagte: »hier war die Gruft.«

Ich meinerseits hielt es für angezeigt dieser Freundlichkeit durch eine gleiche zu begegnen und erwiderte: »Ja, hier muß es gewesen sein. Man kann noch deutlich die neuen Fliesen von den alten unterscheiden.« Eigentlich aber war es nicht der Fall.

»Und« fuhr der Prediger fort: »hier war auch das Fuchssche Wappen.« Und dabei wies er mit dem Zeigefinger auf einen Punkt in der Luft, etwa vier Fuß hoch über der Brüstung eines niedrigen Chorstuhls. Es hatte durchaus etwas Gespenstisch-Visionäres, wie wenn Macbeth den Dolch sieht, und das bestimmt ausgesprochene »hier« ließ mich auf eine Sekunde ganz ernsthaft nach der Erscheinung suchen. Aber es blieb alles unsichtbar und ich fröstelte nur noch die Frage heraus: »Dies ist also alles?«

»Ich fürchte, ja. Wenn Sie sich nicht vielleicht für einen

Spruch interessieren, den des alten Johann Porsts Nachfolger an die Sakristeitür geschrieben hat.«

»O, ich interessiere mich *sehr* für Sprüche ...« Und so las ich denn:

Printz Markgraff Ludewig
Stiff't hier zu Gottes Ehren
Kirch'fenster, Sakristei
Nebst zweien neuen Chören.
Gott sei sein Schild, sein Lohn,
Sein Schutz, sein Eigenthum,
Er laß es feste stehn.
Zu seinem ewgen Ruhm.

Das Feuer, das aus diesem Spruch auflohte, schien mir unausreichend die Kirchentemperatur zu verbessern, und so schlug ich einen raschen Rückzug an die Herdplätze menschlicher Wohnungen vor. Der Pfarrer schien von demselben Verlangen erfüllt, und ehe fünf Minuten um waren, waren wir wieder daheim und stampften auf der Strohmatte seines Flurs den Schnee von unseren Füßen.

Drinnen brannte jetzt Licht, aus der Nebenstube drangen Kinderstimmen und vom Flur her hörten wir das Klappern der Plätteisen, wenn neue Bolzen eingeschüttet wurden. An Wand und Decke hin aber huschten die Schatten der draußen an unserem Fenster Vorbeipassierenden. Der Thorwaldsensche Christus über dem Sofa schien in dem Widerspiel von Licht und Schatten zu wachsen und während die Gestalten seiner Jünger mehr und mehr zurücktraten, war es als stünd' er freundlich segnend *uns* zu Häupten, der gute Hirt einer allerkleinsten Gemeinde. Die Kreuzzeitung war inzwischen sorgfältig zusammengefaltet worden und statt ihrer lag das Malchower Kirchenbuch auf dem Tisch. Es waren Blätter von 1698 bis 1704 die wir nun überflogen, um vielleicht an der Hand des alten Porst, damaligen Predigers zu Malchow, einen Blick in die von Fuchssche

Herrschaft jener Epoche tun zu können. Aus allem ging hervor, daß es der alte Gesangbuchmann mit Predigt und Seelsorge sehr ernst genommen haben mußte, was aber die Fuchsiana betraf, so schien uns leider auch *diese* Quelle versagen zu wollen. Ich beschloß deshalb auch vor dem letzten nicht zurückzuschrecken und die Taufregister auf Namen und Titel hin gewissenhaft durchzulesen. Und siehe da, der Mosesstab, der den Quell aus dem Stein weckt, war auf der Stelle gefunden. Es tröpfelte zwar nur, aber die Kühle frischen Wassers labte doch meine Zunge. Sieben Jahre lang hatte Johannes Porst an eben dieser Stelle fungiert und in jedem dieser sieben Jahre siebenmal getauft; – auch darin also vollzog sich ein Gesetz. Und als ich nun mit allen 49 Taufen glücklich durch war, kannt' ich Malchow in seinem damaligen Besitz- und Personalbestande so genau, wie wenn ich ein Katasterbeamter unter König Friedrich I. oder wohl gar der Dorfschulmeister von Anno 1704 gewesen wäre. Denn die Malchower, kluge Leute schon damals, hatten sich in den seltensten Fällen bei der Auswahl ihrer Paten auf sich und ihresgleichen beschränkt, sondern waren immer bestrebt gewesen in den christlichen Schutz des Herrenhauses, am liebsten und häufigsten in den des Beamten- und Dienstpersonals zu treten. Aus der Reihe der betreffenden Personen aber mögen hier, unter Anlehnung an die Taufregister, folgende Namen und Titulaturen stehn: Herr *Schlichting*, »Lustgärtner«; Monsieur *Ernst*, Lakai bei des Freiherrn von Fuchs Exzellenz; Monsieur *Abraham Luckold*, Koch bei Sr. Exzellenz; Monsieur *Peter Schultze*, Kammerdiener bei Sr. Exzellenz; Mademoiselle *Johanna Zollikoferin*, Kammermädchen bei Madame la Baronne de Fuchs; Jungfer Anna Dorothea *Philitzin*, Mädchen bei der Freifrau v. Fuchs; Jungfer Anna Maria *Löschin*, Mädchen bei der Frau Baronin. Alle diese Personen finden sich wiederholentlich. Der eigentlich große Taufakt jener Epoche scheint aber der im Hause des Dorfkrügers gewesen zu sein. Hier begegnen wir allen möglichen »*großen* Namen« aus der Zeit von 1698 bis 1704. Und zwar: *Paul* Freiherr von *Fuchs*, Geheimer Etats- und Kriegsrat; Baron von *Hertefeld*, Oberforstmeister in Cleve; *Johann* Paul Freiherr v. *Fuchs*, Hof- und Ravensbergischer Appellationsgerichtsrat; Madame Louise de Fuchs, *née* de Friedeborn; Madame la Baronne de Hertefeld, *née* de Bozelar; Madame de Fuchs *née* Bozelar. Nehmen wir noch die sich an andrer Stelle findenden Namen der Frau von *Barfus* aus dem benachbarten Blankenburg, der Frau Apotheker *Zornin* aus Berlin und des Christoph *Hammer*, Leibkutschers bei Seiner Durchlaucht dem Markgrafen Albrecht von Brandenburg hinzu, so wird es uns unschwer gelingen ein Bild des Malchower Lebens aus seinen historischen sieben Jahren aufzubauen. Es waren eben Umgangs- und Gesellschaftsformen, auf die genau die Schilderung paßt, die F. v. Salpius in seiner eingangs erwähnten Paul v. Fuchsschen Monographie von dem Leben der damaligen regierenden Klassen entworfen hat.

»Man kann« so schreibt er »von den brandenburgischen Landen jener Epoche behaupten, daß die Regierenden zu den Besitzenden gehörten und daß die Besitzenden wiederum in der Regierung saßen. Die Mitglieder des geheimen Rates scheinen durchgängig im Wohlstande gewesen zu sein. Der Wege zu solchem gab es, abgesehen von Geburt und Heirat, verschiedene: Ausstattung mit heimgefallenen Lehngütern seitens des Kurfürsten, sogenannte Dotationen; in andern Fällen bedeutender Kriegsgewinn (wie denn beispielsweise dem General v. Schöning eine auf 40000 Taler *Lösegeld* zu veranschlagende Anzahl gefangener Juden zufiel) und endlich Vereinigung mehrerer Ämter in einer Person. So bezog *Fuchs*, als Oberpostdirektor, eine jährliche Zulage zu seinem anderweitigen Gehalt und außerdem den zwanzigsten Teil aller in Berlin aufkommenden Postgelder. Aus eben diesen Erträgen war es, daß er in den Besitz von Malchow gelangte.«

So F. v. Salpius. Und noch eingehender dann an anderer Stelle: »Der höhere Staatsdienst, und zwar aus den vorangeführten Gründen, war ein mehr lohnender Beruf als *jetzt*, und die Geheimräte vergaßen über den staatlichen Interessen nicht die ihrigen. Dazu gewährte der Fürsten- und Staatsdienst ein größeres Ansehen als heutzutage, wo der Ehrgeiz auch anderweitig sein Feld der Betätigung findet. Aber mit der Wahrnehmung des eigenen Vorteils ging doch immer zugleich auch die strengste Pflichterfüllung Hand in Hand. Sie lebten, wie der Große Kurfürst selbst, der Überzeugung, daß sie vor allem zur Erhaltung der Machtstellung des Staates das Ihrige beizutragen hätten. Neben diesem Zuge springt vor allem ihre Vielseitigkeit und Findigkeit ins Auge. Dieselbe ruhte zum Teil auf der verhältnismäßigen Einfachheit der damaligen Zustände, nicht minder aber auf ihrer persönlichen Vorbildung, Spannkraft und Beweglichkeit. Die Mitglieder des geheimen Rats hatten schon als Jünglinge auf Reisen mannigfache Kenntnisse gesammelt; im Staatsdienste tummelten sie sich bald hier bald dort, arbeiteten sich bald in dieses, bald in jenes Fach ein. Das bewahrte sie vor jeder geistigen Verkümmerung, sie blieben stets frisch und *erfreuten sich fast immer eines guten Humors.* Hierfür sprechen ihre lebensvollen, mit anschaulichen Bildern durchwobenen amtlichen Berichte und Reden, welche den Charakter der Ursprünglichkeit, oft den der Naivität tragen. Ihren Gemeinsinn bewiesen sie nicht nur durch treue Arbeit, sondern auch als *fröhliche Geber.* In ihrer Heimat, in der Gemeinde ihres Wohnorts oder Gutes, verwandten sie beträchtliche Summen für gemeinnützige Zwecke. Der Feldmarschall von *Sparr* baute Kirchen und Türme, schenkte Glasmalereien und Glocken, *Derfflinger* ließ eine stattliche Dorfkirche aufführen, der ältere *Schwerin* tat ein Gleiches. Joachim Ernst v. *Grumbkow* gründete ein Kloster für zwölf Jungfrauen, der jüngere *Jena* bestimmte 60000 Taler für ein Fräuleinstift und ein Hospital. Ähnlich verfuhr auch unser *Paul v. Fuchs.* Er ließ in Malchow ein Predigerwitwen-, sowie ein Armen- und Waisenhaus herstellen.«

Ob diese Stiftungen noch existieren, hab' ich an Ort und Stelle nicht in Erfahrung gebracht.

Der Abend war mittlerweile hereingebrochen und mein freundlicher Wirt begleitete mich eine gute Strecke, bis die Lichter von Weißensee hell auf meinen Weg fielen. Dann schieden wir, hoffentlich nicht für immer, und abermals anderthalb Stunden später lagen die Schneefelder und die grünen Staketenzäune, *la maison rouge* und der *maître d'école*, das warme Pfarrhaus und die kalte Kirche, die Grecborten und das gespenstische Wappen derer v. Fuchs – alles traumhaft hinter mir.

Ein entzückender Tag. Die Gruft hatte nichts herausgegeben, aber das Leben hatte bunt und vielgestaltig zu mir gesprochen.

Und das bedeutet das Beste.

Aus: *Wanderungen durch die Mark Brandenburg.* Zweiter Band.

Noch einmal ein Weihnachtsfest

Noch einmal ein Weihnachtsfest,
Immer kleiner wird der Rest,
Aber nehm' ich so die Summe,
Alles Grade, alles Krumme,
Alles Falsche, alles Rechte,
Alles Gute, alles Schlechte –
Rechnet sich aus all dem Braus
Doch ein richtig Leben raus.
Und dies können ist das Beste
Wohl bei diesem Weihnachtsfeste.

Quellennachweis

Dem vorliegenden Band liegen folgende Ausgaben zugrunde:

»Des armen Mannes Weihnachtsbaum«: Theodor Fontane: Sämtliche Werke. Hrsg. von Kurt Schreinert und Hermann Kunisch. Bd. XVIIIa: Unterwegs und wieder daheim. Anhang: Korrespondenzen, Kommentare, Register. Hrsg. von Jutta Neuendorff-Fürstenau. München 1972: Nymphenburger Verlagshandlung.

»An Emilie. Zum 24. Dezember 1862«: Theodor Fontane: Gedichte. Hrsg. von Joachim Krueger und Anita Golz. Bd. III: Gelegenheitsgedichte, Hamlet-Übersetzung, Dramenfragmente. Berlin u. Weimar 1989: Aufbau-Verlag.

Alle anderen Texte: Theodor Fontane: Werke, Schriften und Briefe. Hrsg. von Walter Keitel und Helmuth Nürnberger. München 1956–1990: Carl Hanser Verlag.

Die Orthographie folgt den Vorlagen; Eigenheiten Fontanes wurden bewahrt. Einige offensichtliche Druckfehler wurden stillschweigend korrigiert.